현대신서
146

철학에 입문하기

이보 카탱
(클레르몽페랑대학교 교수)

박선주 옮김

東文選

철학에 입문하기

철학에 입문하기

차 례

머리말

철학으로 안내하는 일은 **겸손**으로 이끄는 작업이다. 실제로 우리는 철학 개론서들의 일반적인 고찰에 만족하지 못할 때, "철학이란 무엇인가?"라는 의문을 갖게 된다. 이 문제는 극히 어려워서 '전문가'(철학자)들조차도 풀 수 없는 것 같다. 그 정도로 그들이 내놓는 답들은 매우 불명료하고 불완전하다. 따라서 철학으로 안내하는 일은 미리 체념하고서 철학의 한계점에 머물러 있는 것이고, 우리가 알려고 애쓰는 것을 단지 멀리서 바라보는 것이며, **철학자가 되고픈** 욕망을 주는 것이다. 요컨대 철학으로 안내하는 일은 철학자가 되기 위해 나아가야 하는 방향과 시도해야 하는 것을 파악하는 동시에, 이러한 탐구의 목적과 그것이 필요하고 시급한 이유를 이해하려고 애쓰는 것이다.

이 마지막 부분이 여기에서 가장 역점을 둘 부분이다. 철학의 길로 들어서려는 사람들이 초기 단계에 만나게 되는 어려움에 대해, 가능하다면 미리 예고하기 위해서이다. 철학을 공부하는 사람들은 흔히 자신들이 일상 세계와는 관계없는 신비의 세계로 들어간다고 생각한다. 철학적인 훈련의 의미와 중요성이 자신들과 관련 없고 근거 없는 것이라며 철학을 비난하지 않는다면, 이들은 상당한 지적 고행에 기꺼이 순응할 것이다. 그리고 난해하고 따분한 전문 용어들을 이해하려고 애를 쓴다. 심지어 어떤 이들은 철학이 밝혀내는 개념 세계의 존재와 가치를 진심으로 인정하며,

철학이 제공하는 치밀한 도구를 점점 더 자유롭게 다루는 데 대해 큰 기쁨을 느낀다. 물론 이것이 그들에게 득이 되지 않는 것은 아니다. 오히려 얻는 이득은 대단히 클 것이다. 그러나 그들에게 있어서 철학은 낯선 세계요, 일종의 추상적 관념이며, 언제나 그들의 삶 위에 있거나 아래에 있다. 요컨대 **중요한 것은 철학적인 지식을 얻는 게 아니라, 인간의 상당한 욕구로서 철학을 발견하는 것이라는 점**을 그들은 이해하지 못했다. 이제 철학은 단순히 관념적인 학문이나 입문 과정 또는 듣는 강의 내용이 아니라 새로운 삶의 방법, '삶의 기술'이다.

이제 우리는 철학으로 안내하는 일이 어렵다는 것을 잘 알고 있으며, 현대의 철학자들도 매우 까다로워 보이는 이 일을 거의 하지 않는다. 오늘날 부모들이 자녀들에게 어떻게 살아야 하는지 감히 말하지 않는 것과 비슷하다. 사는 법, 철학자로 사는 법을 배울 수 있을까? "철학이란 무엇인가?"라는 물음에 우리는 상황에 따라 능숙한 또는 어색한 미소로 대답을 대신한다. 또는 철학만큼이나 오래된 고전적인 정의들을 제시하는 것으로 공손히 만족할 수도 있다. 철학이란 '지혜에 대한 사랑'이며, '제1원인에 대한 학문'이라고 말이다. 이 정의들은 틀리지 않았고 심오하기도 하지만, 이미 철학자인 사람들에게만 의미를 가질 수 있다. 따라서 이 또한 아무 소용없는 현학적인 대답이다. 그러므로 이러한 정의들로 시작할 수는 없다. 오로지 철학이란 무엇인지 알고자 애를 쓸 때, 이 고전적인 정의들을 이해할 수 있게 되기를 희망할 뿐이다.

우리는 좀더 겸손하고 구체적인 출발점을 선택해야 한다. 그래서 우리에게서 계속 멀어지는 낯선 광경을 보듯이 철학 밖에서 철학을 바라볼 것이다. 또한 우리는 철학자들을 관찰할 것이다. 유일하게 그들 안에서만 철학이 진정으로 살아 있기 때문이다. 곧 "철학이란 무엇인가?"라고 묻는 대신에 "철학자란 누구인가?"라고 물을 것이다. 이러한 것들이 우리가 우선적으로 던질 질문들이다.

1

철학자들에 대한 시선

1. 오늘날의 철학자들

나는 철학자들을 관찰하지만 그들을 알아보지는 못한다. 현대 우리 사회에서 자신을 철학자라고 소개하는 철학자는 이제 없다. 철학 교수들만이 있을 뿐이다. 사람들은 철학자들이 언제나 교수 또는 공무원·작가 등의 사회에서 차지하고 있는 직업 뒤에 숨어서 말한다는 아주 간단한 현상에 대해 충분히 숙고해 보지 않는다. 그리고 철학은 이중으로 일반화되었다. 우선 시험의 합격과 실패로 확인되는 학습, 업무의 과중함과 생활과의 괴리, 대학과 학계에서의 경력 등과 같이 '학교 교육'이라는 말이 함축하는 모든 긍정적인 또는 부정적인 것들과 함께 철학은 그 역할을 통해서 일반화되었다. 두번째로 철학은 삶에 대한 열정, 다시 말해 살아 있는 사람들의 사랑·증오와는 멀리 떨어져서 도서관 서가에 가지런히 꽂혀 있는 책들을 통해 일반화되었다. 진열되어 있는 철학으로 말이다.

헤겔은 다음과 같이 쓰고 있다. "사람들은 철학자들이 연구실에서 고심하고 있는 추상적인 관념들은 단지 언어일 뿐이라고 말한다. 아니, 천만의 말씀이다. 이 추상적인 관념들은 보편 정신, 따라서 운명의 신의 행위이다. 철학자들은 신 가까이에 있다. 그들은 정신의 조각들을 섭취하기 때문에 더욱 그렇다. 그들은 원본에서 직접 처방을 읽고 쓰며, 꼭 그것들을 쓰고 싶어한다. 철학자들은 행진이 진행되는 동안 성소 안에서 신비 입문을 돕는 사제들이다. 다른 이들에게는 권력·부·여자 등의 그들만의 관심사가 있다."(《역사철학 강요》, III, 96) 헤겔에 따르면, 악의 없는 가면을 쓰고 익명의 군중 속에서 헤매는 이 평범한 사람들 뒤에는 비범한 사람들이 있다. 그들은 큰 존경을 받을 만한 위치에 있으며, 매우 높고 고귀하여 모든 비판에서 제외된다.

2. 철학자, 역설적인 인간

평범한 인간의 견해

그러나 버클리의 평범한 인간, 즉 신사는 이와 같이 생각하지 않는다. 그는 다음과 같이 멋스럽게 표현한다. "나는 언제나 저속함과는 거리가 먼 체하거나, 난해한 정신에 대해 검토한다며 아무것도 믿지 않는다고 또는 세계에서 제일 기상천외한 것들을 믿는다고 주장하는 사람들의 묘한 처지에 대해 생각하고 있었네. 그들의 역설과 회의적인 태도가 인류에게 총체적인 위험을 초래하지 않는다면, 그래도 그들의 주장을 참아낼 수 있을 것이네."(《힐라스와 필로누스의 세 대화》, I)

철학자의 역설적인 위상은 **철학자가 자신에 대해 말하는 것과 평범한 사람이 그들에 대하여 내리는 판단 사이의 모순에서** 명확히 드러난다. 헤겔의 말대로라면, 철학자는 자신이 진리의 장소에 도달했다고 생각한다. 철학자는 '신 가까이 있고, 직접 원본에서 신의 처방을 읽'으며, 자신의 추론은 흠잡을 데가 없다고 확신한다. 그러나 이것은 평범한 사람에게는 괴상한 주장이고, 더 나아가 철학자가 사회에서 (부당하게!) 누리고 있는 신망을 고려하면 위험하기까지 하다.

철학은 우리와 관련 있는가?

소크라테스에게 한 것처럼 철학자에게 유죄 판결을 내릴 정도는 아니지만, 어쨌든 우리는 무의식적으로 철학은 철학자들의 일이며 우리와는 아무 상관없다고 별 뜻 없이 생각한다. 그러나 철학자의 강연을 들으면 우리는 그 강연에 무관심하게 있을 수 없으며, 우리의 삶을 구성하는 확신·사고방식·신념들에 의심을 갖게 된다. 이러한 관점에서 힐라스는 옳다. 철학이 우리를 위협하기 때문에 우리는 철학에 관심을 갖는 것이다. 소크라테스가 반체제적인 사상을 전파했다면, 아테네 당국이 그에게 관심을 갖고 그를 침묵하게 한 것은 옳았다.

3. '비철학자'의 논거들

철학자와 평범한 사람 중에서 누가 옳은가? 이들의 논거는 서로 대립된다. 철학자는 자신이 진리를 말한다고 생각하지만, '비철학자'는 철학자의 말이 사회 질서와 개개인의 안정을 위협한다고 반박한다.

철학자들간의 대립

한 가지 현상이 평범한 사람의 편을 들어 주는 것 같다. 철학이 생겨난 이래로 철학자들은 서로 의견의 일치를 보지 못하고 **철저하고 끝이 없는 대립 속에 있다.** "브라마·자라투스트라·토트 이래로 지금까지 모든 철학자들이 자신들의 학설을 세웠는데, 똑같은 견해는 하나도 없다. 아무도 합의를 보지 못하는 사상의 혼돈 상태이다. 소수의 현자들은 언제나 마법의 성채를 허물어뜨리는 데 성공하지만, 거주할 수 있는 성을 세우지는 못한다. 그들이 내세우는 논거로 우리는 존재하지 않는 것을 보지만, 존재하는 것은 전혀 보지 못한다. 무모와 무지의 끝없는 대립 속에서 세계는 언제나 그렇듯 잘 돌아갔다. 무지한 사람들이 세계를 나누어 갖는 동안 가난한 사람들은 일을 하고 부자들은 즐겼으며, 강자들은 지배했고 철학자들은 논증했다."(《운문 설화. 풍자시》, p.208, 주 10, Paris, Mame, 1808) 볼테르의 신랄한 반어법은 문제를 재조정하는 것 같다. 철학은 환상에 불과하며, 철학자들은 끝없이 서로 반박하고 다른 철학자들의 이론을 뒤집는다. 이것이 그들의 유일한 성공이다. 아래, 지상에서 인간들의 역사가 강자와 약자의 처절한 투쟁 속에 펼쳐지고 있는 반면에, 철학은 아리스토파네스의 '구름' 속에서 그림자놀이를 하고 있는 것 같다.

철학은 망상이다

우리는 여기서 볼테르가 무엇을 비판하고 있는지 잘 알 수 있을 것이다. 철학이 망상에 불과하다면, **철학이 꿈의 궁전에만 머**

문다면 철학적인 진리란 없다. 그리고 진리를 증거한다고 주장하는 철학자들은 거짓말쟁이요 사기꾼이다. 그들은 다른 사람들에게 불분명하고 비현실적인 꿈을 위해 일상 생활의 보잘것없지만 확실한 진리를 포기할 것을 권유한다. 실제로 철학자들은 단지 회의적인 교수들일 뿐이다. 이렇게 우리는 진리의 추구에서 의심과 위선으로 서서히 옮아간다. 철학자를 과학자로, 또한 사려 깊고 침착한 사람으로, 조금 심하게는 자유로운 반순응주의자로 규정하고 있는 《아카데미 프랑세즈 사전》의 정의가 잘 보여 주고 있듯이 말이다.

이렇게 철학자가 내세우는 진리는 일상 생활과는 아무런 관계가 없는 것처럼 보인다. 철학자가 말하고 쓰고 가르치면서 다른 사람들에게 자신과 합류하기를 권유하지 않는다면, 우리는 그를 온화한 몽상가로서 자기 방식대로 살도록 내버려둘 수 있다. 그러나 그렇게 하면 철학자는 사람들을 확실한 활동에서 벗어나게 하려고 하는 위험한 이상주의자가 될 것이다. 이제는 더 이상 생각의 문제가 아닌 삶의 문제, 세상을 변화시키는 문제가 된다. 따라서 신중히 생각해야 할 필요가 있다. 철학은 확실한 활동이 아니다.

4. 철학자들간의 대립

진리는 도달할 수 없는 것이다

철학자들간의 대립은 그들이 옹호하는 진리가 단지 환상에 불과하다는 사실을 입증한다. 철학자 스스로도 근본적인 대립을 서글프게 인정한다. 그래서 칸트는 철학의 애통한 처지를 이렇게 묘사한다. "이 형이상학이라는 학문에서 우리는 헤아릴 수 없을 정도로 걸어온 길을 되돌아가야 한다. 왜냐하면 우리는 우리가 가려고 했던 곳으로 길이 통해 있지 않음을 알기 때문이다. 그리고 형이상학을 신봉하는 자들이 자신들의 주장들에 통일성을 확립하는 것과 관련해서 볼 때, 그들 주장들은 서로 너무 멀리 떨어져 있어서 형이상학이라는 학문은 오히려 싸움터가 되고 만다. 이 싸움터에서는 각자가 자신의 힘을 발휘하는 것이 본래부터 확고하게 결정되어 있는 것처럼 보이지만, 아직까지 그 어느 전사도 최소한의 땅조차 싸움을 통하여 쟁취하지 못했으며, 자신의 승리에 기초하여 지속적으로 점유할 바탕을 마련하지 못했다."(《순수 이성 비판》, 제2판 서문)[1] 보다 나은 방법론으로 철학은 진정한 학문의 성격을 띠게 된다. 그러나 우리는 칸트의 계승자들이 태평스럽게 서로 헐뜯기를 계속하고, 각자가 돌아가며 철학 체계를 완전히 다시 세운다고 주장하는 것을 확인할 수 있다. 철학자들은 자신들의 선배를 비판하고 완전무결한 기초를 찾았다고 주장하면서도, 자신의 사유를 상대화하고 무의식적으로 자신의 실패를 알린다. 칸트가 계승하여 철학적인 단계로 끌어올린 볼테르의 비판은 철학의 철학적인 한계이다. 이처럼 철학은 점점 더 불가능한 작업처럼 보인다.

---

1) 본문은 한국어로 번역된 《순수 이성 비판》(김석수 옮김, 책세상, 2002) 서문에서 인용한 것임. 〔역주〕

그래도 철학자들

밖에서부터 문제가 제기된 철학은 자신의 계획에 의문을 가지는 철학자에 의해서 안에서도 공격을 받고 있는 것을 볼 때, 철학의 한계에 대해서는 합의가 이루어졌다고 생각할 수 있다. 그러나 다음과 같은 설명할 수 없는 현상을 고려해 보면, 이것은 성급하게 결론짓는 것일 수도 있다. 철학 외부와 내부, 이중의 비판에도 불구하고 철학자는 계속해서 '철학을 하고' 있으며, 낙담하지 않고 어쨌든 철학 행위를 주장한다. 이러한 고집을 어떻게 이해할 것인가? 그것은 이유도 없고, 철저히 검토하면 드러날 수 있는 인간적인 의미도 없는가?

2

회심과 죽음

철학은 그동안의 대립에도 불구하고 특히 철학 자체의 취약성, 더 나아가 철학의 실패에 대한 자각에도 불구하고 계속 존재한다. 예나 지금이나 철학은 존재하며, 철학자들도 존재한다. 우리가 철학자라고 부르는 그들은 그들의 견해로나 많은 다른 사람들의 견해로 볼 때, 분명 뭐라고 규정하기 어려운 '반순응주의자들'이다. 어쨌든 철학자들과 비철학자들이 있다는 사실은 분명한 것 같다. 조금만 주의를 기울이면, 철학자와 비철학자를 구분하는 데에 매우 중요한 점이 암시되어 있음을 알 수 있을 것이다. 즉 철학자와 비철학자 사이에는 단절이 있다.

1. 철학은 회심에서부터 시작된다

철학자되기

'개종하다' 라는 뜻의 회심은 두 가지 변화를 전제한다. 우선 그 하나는 철학에 앞서는 것, 즉 우리가 **비철학** 또는 **속세의 삶**(전혀 경멸의 의미 없이!)이라고 부르는 것과의 결별을 전제로 한다. 이것은 어떤 삶의 방식, 즉 자기 자신을 알고 세상에서 자리를 잡으며 타인 앞에 서는 어떤 방법을 포기하는 것이다. 이와 동시에 발생하는 현상들에 눈을 뜨는 것이다. 새로운 삶의 중심을 받아들이는 것인 철학은, 모든 사건·사유·행위들에 본래적이지만 뜻밖의 의미를 부여한다. **철학적인 삶에 이르게 하는 이 회심은 무엇보다도 일종의 '죽음' 이다.**

단절의 경험

헤겔은 지도자의 역할을 맡기 위해 자신의 민족을 버리는 아브라함의 생애에서 이러한 예고된 죽음과 고통을 본다. "갈대아에서 태어난 아브라함은 청년 시절에 벌써 그의 아버지와 함께 조국을 떠났다. 그런데 그는 철저하게 자주 독립의 인간이 되어 스스로 우두머리이기 위해서 가족과 메소포타미아 평원에서 완전히 헤어졌다. 그는 모욕당하거나 버림받지 않고서, 나쁜 짓이나 잔혹한 행위 뒤에 사랑의 욕구가 남아 있음을 일깨우는 마음의 고통을 느끼지 않고서 이렇게 했다. 이 사랑은 훼손되었긴 하지만 상실되어 버린 것은 아니고, 새로운 조국을 찾아내서 거기에서 번영을 누리고 그 자신을 즐긴다──아브라함을 한 민족의 조상이 되게 한 최초의 행위는 공동 생활과 사랑의 유대, 즉 그가 여태까지 인간들과 자연과 더불어 살아왔던 관계들의 전체를 갈기갈기 찢는 분리이다. 그의 청년 시절의 이러한 아름다운 관계들을 그는 거부했다. [···] 아브라함은 사랑하려고 하지 않았고, 그 때문에 자유로우려고 하지 않았다. 아브라함은 이러한 관계들 자체로부터 자유롭기를 원했다."(《기독교의 정신과 그 운명》)[1]

---

1) 본문은 한국어로 번역된 《기독교의 정신과 그 운명》(조홍길 옮김, 철학과 현실사, 2003)에서 인용한 것임. 〔역주〕

철학적인 사유는 처음부터 **윤리적인 측면**을 가지고 있다. 따라서 철학은 이미 경험한 것에 덧붙여지는 가치로서, 철학에 앞서는 것의 연장선상에 조건 없이 나타나는 게 아니다. 철학은 이미 주어진 것의 통일성을 깨고, 단절을 그리며, 가치들을 바꾼다.

2. 철학자들의 회심

필연적인 역사적 단절

이러한 이유로 철학자들은 철학적인 사유를 내포하는 실존적 회심을 강조하길 좋아한다. 기원전 3세기의 스토아학파 철학자들은 잘 알려진 '독설(diatribê)' 까지도 서슴지 않았는데, 그것은 종교적인 반향을 일으켰다. 그리고 피타고라스학파 사람들에게 철학적인 삶은 거의 종교적인 삶과 같았다. 또한 우리는 거의 모든 그리스 철학자들을 예로 들 수 있을 것이다. 이들 중 가장 실증적이었던 아리스토텔레스는 스승 플라톤과 소크라테스, 그리고 소크라테스 이전 철학자들의 전통을 잇는 철학적인 삶의 입문서인 《프로트레프티코스》를 썼다. 많은 철학자들은 철학에 도달하기 위해 필요한, 이 일종의 정결 의식을 묘사하기 위해 자기 자신들만의 경험을 서슴없이 얘기한다. 플라톤은 유명한 《7번째 편지》에서 자신의 여정을 묘사하고, 데카르트는 《방법 서설》을 자신의 정신의 역사로 소개하며, 루소는 《고백록》(II, VIII)에 뱅센에서 경험한 황홀경에 대해 쓴다. 그러나 여기에서 중요한 것은 회심과 단절의 역사적인 순간이 아니다. 정확히 말하면 **모든 철학자들에게는 철학자가 되는 순간을 나타내는 역사적인 사건이 있다.** 그런데 그 순간은 **철학자가 탐구를 해나감에 따라 철학적인 요구로서 끊임없이** 체험된다.

이것을 잘 이해하기 위해서는 데카르트의 두 저서, 《방법 서설》과 《성찰》을 비교해 가며 읽어야 한다. 데카르트는 《방법 서설》에서 자기 자신과 자신의 철학적인 여정에 대해 말한다. 말을 하고 있는 주체는 역사적인 자아이고, 데카르트는 자신이 '시간에 따라' 겪은 모험들을 상세하게 기술한다. 1616년에 나는 어떤 것을 생각했고, 이어서 나는 1628년에 그때까지는 중요성을 깨닫지 못했던 다른 어떤 것을 이해했으며, 마침내 나는 1636년에 어떠한 발견을 하였다. 《성찰》에서 이 역사적인 주체는 사라진다. 데카르트는 더 이상 자신의 개인적인 역사에 관심을 두지 않는다. '나'라고 말하는 주체는 깊이 성찰하는 반성적 주체이다. 그의 정신의 역사는 시간을 초월한다. 데카르트의 회의란 무엇을 의미하는지 면밀히 검토해 봐야 한다. 그는 자신이 의심하고 있는 중이라고 묘사하지 않는다. 다만 **의심은 자연계에 대한 정신의 필연적인 분리**라고 지적할 뿐이다. 성찰의 과정에서 의심의 의미와 역할을 이해하려면, 데카르트가 《방법 서설》에서 묘사한 역사적인 경험으로 돌아가거나, 자기 자신이 스스로 시간을 초월한 전사(轉寫)의 역사적인 경험을 해야 한다.

단절은 시작이다

철학자가 자신의 삶을 서술하고 회심에 대해 반드시 말할 필요는 없다. 단절은 철학자의 반성 전체의 구조로서 그의 철학 속에 기록되기 때문이다. 이 단절은 철학자의 성찰을 철학적 반성이 되게 하는 것이다. 그리고 이 모든 철학적 사고의 보편 구조 안에서 우리는 부정적인 요소, 즉 **모든 사유의 시작을 나타내는 단절**을 발견한다. 여기서 플라톤의 문답법의 역할을 생각해 보아야 한다. 그것은 의견의 잘못된 확신들과 정말로 본질적인 것('본래적으로 존재하는 것')을 잊혀지게 내버려두는 진리와 인식에 대한 견해에서 빠져나와, 일상의 삶의 거짓 절대들을 상대화하는 새로운 관점에 이르기 위한 것이다. 마찬가지로 칸트는 비판론에서, 자신의 관점에서 철학이 아닌 철학에 반대한다. 그에게 있어서 철학은 잘못된 회심을 그만두면서, 다시 말해 이전의 철학을 비판하면서 전향하는 것이기 때문이다. 마침내 후설이 현상학에 의한 환원과 함께 동일한 단절을 정착시킨다. 즉 환원이 만들어 낸다는 사물들로의 회귀는, 우리가 자연스럽게 사물들에서 멀리 떨어져 산다는 것과 바로 이 자연스러운 태도를 버림으로써 진리를 인식하게 될 것이라는 사실을 전제한다.

따라서 철학자는 비철학자와 자신을 분리하는 실존의 차원에 자신의 위치를 확립한다. 일반적으로 우리는 바로 이 때문에 철학자들을 비난하므로 이것을 강조할 필요는 없다고 생각할 수 있다. 심지어 이 때문에 철학이 유해하고 또는 무용하다고 비난한다. 철학이 삶에서 고립되었다고 말이다.

분리로서의 철학적인 실존

그럼에도 불구하고 **철학자는 이러한 분리를 스스로 요구하며**, 그 의미가 어떠하든지간에 자신의 반성에 반드시 필요한 계기로 만든다. 이 분리는 철학자와 비철학자에게 동일한 의미를 부여하지 않기 때문이다. 즉 **사유와 삶의 거리는 철학적인 소여(所與)이 며**, 이러한 관점에서 이 거리는 마땅한 의미를 부여받을 수 있고 또 그래야 한다는 것을 의미한다. 바로 여기에서부터 철학에 질문을 제기해야 한다. 철학 행위를 개시하는 회심과 단절이라는 주제에 대해 앞서 언급했던 내용을 명확히 하면서 말이다.

철학자와 비철학자 사이에서 발견되는 사실상의 대립, 다시 말해 서로 섞이거나 합쳐질 수 없는 서로 다른 두 계층을 상정하고 있는 대립을 주의 깊게 검토하고, 또 우리가 그래 왔던 것처럼 이 대립은 철학 자체에 대한 철학적인 시각을 표현한다는 사실을 인정하면, 철학자의 위치가 겨우 정당화되는 것 같다. 우리는 **철학자는 철학자로서 '분리'되어 타인과 자기 자신에 대하여 존재한다**는 사실을 받아들이게 될 것이다. 능동적이고 자발적인 의미에서 분리는 철학자의 실존 그 자체이다. 철학자와 비철학자 사이의 그 어떤 화해도 불가능해 보이며, 그래서 우리는 철학 행위의 '인간적인' 속성에 대해 당연히 문제를 제기할 수 있을 것이다. 인간성을 잃지 않고 사유하는 것이 가능할까? 철학 행위의 시초인 죽음은 철학자 자신의 인간성의 사망, 즉 불가능한 초인성에 대한 지나친 주장이 아닐까? 인간성이 철학 가까이 있다면, 인간은 단지 철학자가 되면서만 인간일 수 있다면 어떻게 극소수의 사람들에게서만 인간성이 실현될 수 있다는 사실을 인정하며, 어떻게 대다수의 사람들을 인간 이하로 내몰 수 있는가?

3. 비철학자와 마주한 철학자

진리, 철학의 장소

바로 이러한 깊이에서 철학의 문제는 제기되어야 한다. 철학과 비철학은 서로 반대되고 배타적인 용어처럼 보인다(non-philosophie라는 용어가 보여 주듯이). 따라서 다른 하나의 용어 없이 나머지 용어를 제시할 수 없으며, 비철학자와 철학자 사이의 관계는 죽음이라는 용어로 정의된다.

이러한 관계 유형을 분석하려고 할 때(철학의 문제이므로 곧바로 철학자의 시각에서), 처음에는 철학자가 유리한 입장에 있는 것처럼 보일 것이다. 게다가 **본래 정의상으로도 철학자는 진리의 장소에 자리를 잡는다.** 그 결과 철학자의 언어는 엄격히 일관성을 지키며, 철학자는 보편적인 주장을 한다. 따라서 의사소통의 어려움이란 진리의 언어를 말하는 철학자에게서가 아니라 비철학자에게서 온다. 엄밀하게 말하면 분리시키는 것은 철학이 아니라 비철학이다. 정확히 말해 비철학은 철학이 아니기 때문이다. 철학자는 철학자로서 자기 자신을 버리지 않고서는 다른 것을 주장할 수 없다.

모든 사람이 철학자인 것은 아니다

철학자와 비철학자 간의 대립의 문제는 해결된 것 같다. '당위적'으로는 말이다. 철학자는 진리의 장소에 자리를 잡고, 보편적이고 절대적인 언어를 말하기 때문에 오로지 '당위적'인 면에서의 해결이다. 몇몇 철학자들이 '영혼의 국가'라고 부른, 전적으로 이성적이고 실제적인 세계는 구체적인 현실이 아니라 희망이며 실현시켜야 할 과업이다. '실제로' 모든 사람이 철학자인 것은 아니며, '당위적'으로 부정할 수 없는 철학은 '실제적'으로 거부되었다. 문제는 철학자에 의해 제거되지만, **비철학이 있기 때문에 여전히 존속한다.**

또한 철학자는 실제적인 상황을 무시할 수 없으며, 모든 사람이 철학자인 '체'할 수도 없다. 대부분의 철학자들은 이 점을 알고 있었고, 소수만이 순수하고 고독한 명상에 빠져들었다. 이러한 이유로 철학자는 진리에 대해 '명상하는' 사람일 뿐만 아니라 말하는 사람이기도 하다. **철학자는 철학이 인정받을 수 있도록 하기 위해 말한다.** 철학자가 말하는 것은 원래 타인에 대한 사랑 때문이 아니라, 단지 비철학이 남아 있는 한 철학이 완전하고 전적으로 인정받을 수 없기 때문이다. 즉 철학의 존재 이유가 문제시되기 때문이다. 철학자는 우선 **스스로에게 존재 이유를 부여하기 위해서**, 그리고 자신의 당위적인 이유가 실제적인 이유가 되게 하기 위해서 말한다. 그래서 철학자의 말은 우선적으로 철학을 위한 말이다.

철학자의 말은 철학적인 말이다. 이 점은 철학자의 말이 비철학자를 겨냥한다는 점을 생각해 볼 때, 논리에서 벗어난 것처럼 느껴질 수 있다. 철학자는 마치 비철학자가 철학자인 양 그에게 말한다. 완전히 모순에 빠진 듯하다. 철학자는 철학을 정당화하기 위해서 비철학자에게 말하고, 또 문제가 해결된 것으로 가정한다. **철학자는 마치 비철학자가 이미 철학자인 것처럼 그에게 말하고**, 그에게 철학적인 언어를 사용한다. 그러나 상대방은 바로 그 언어를 이해할 수 없는 것이다. 실제로 상대방이 그 언어를 이해한다면 그에게 말할 필요도 없을 것이다.

설득하려는 의지

철학자들은 이러한 모순을 그다지 살펴보지는 않았지만 실질적으로는 해결했다. 철학자들이 철학에 대해 말하는 것을 숙고해 보면 그들의 언어는 그야말로 철학적인 언어, 이성의 언어라는 사실을 깨닫게 될 것이다. 그것은 직설적 언어는 아니지만, 권고 또는 호소의 언어이다. 그래서 철학은 '수사학'이 된다. **철학의 언어는 사람들이 회심하도록 촉구하기 위해 유혹과 확신의 옷을 입고 있으며**, 철학자는 자신의 제자가 된 비철학자에게서 비철학적인 것을 줄이려고 애쓰면서 가르치고 권고하는 '스승'이 된다. 이처럼 이성은 설득하기 위하여 절대적인 노력을 한다.

앞서 언급한 것을 주의 깊게 생각해 보면, 이와 같이 그려진 철학자와 비철학자의 관계가 단순하지만은 않다는 것을 알아차릴 것이다. 이성의 증인인 동시에 비철학자인 제자의 스승이 되어도 철학자는 취약성을 면치 못한다. 오히려 스승과 제자는 서로 위협한다. 실제로 철학자는 말할 때 설득하려 하며 유혹한다. 이러한 유혹은 철학자가 행사하려고 하는 일종의 강압, 즉 폭력에 해당한다. 역설적으로, 또 늘 의식하지 못한 채 철학자가 '오로지' 이성의 언어만 말하는 것은 아니다. **철학자는 이성을 감정으로 포장하고 속임수를 쓴다.** 비철학자는 이성의 언어를 이해하지 못하기 때문에 철학자로서는 다른 방법이 없을 것이다. 철학자는 비철학자를 이해시키기 위해 **철학의 언어를 사용하면서**, 어쨌든 이성의 언어에 매력적인 감정의 옷을 입히면서 술수를 쓰려 할 것이다. 그러면 철학자의 말은 강력하고 효과적이 된다.

사람들은 이것을 **가벼운 폭력**이라고 말할 것이다. 그래도 이 가벼운 폭력에 비철학자로서의 비철학자를 없애는 표면상의 목표 외에 다른 목적이 없는 것에는 변함이 없다. 철학자에게 문제가 되는 것은, 비철학자의 삶의 이유들은 잘못되었고 비철학자는 삶의 이유가 없으며 자신의 비철학 때문에 죽어서 결국에는 사유에 눈을 떠야 한다고 비철학자를 설득하는 일이다. 철학자는 회심을 촉구하면서, 자신의 말에 귀 기울이고 기꺼이 유혹당하는 사람의 죽음을 목표로 하는 부드러운 폭력을 사용한다.

4. 철학자와 마주한 비철학자

무의미한 담화로서의 철학

지금까지 우리는 철학자에 대해서만 언급해 왔는데, 철학자가 비철학자를 위협하기 때문에 특권을 누리는 위치에 있는 듯 보일 수 있다. 그러나 소크라테스의 일화는 철학자의 위치가 으레 철학자 자신에게 위험을 초래한다는 것을 보여 준다. 비철학자가 반드시 온순한 제자가 되어 철학자의 매력적인 웅변술에 사로잡히고, 폭력을 기꺼이 받아들이며, 자신의 전 존재를 철학적 회심을 의미하는 죽음으로 이끌도록 아무 저항 없이 가만히 있는 것은 아니다. 비철학자는 철학적인 수사학을 믿어야 하고, 또 거기에서 죽음을 무릅쓸 가치가 있는 실재를 발견해야 한다. 그러나 비철학자에게 있어서 가장 흔하고 당연한 태도는 철학자와 대립하여 자신이 옳다는 인정을 받고 싶어하는 것이며, 철학자가 혼잡한 망상과 공상들을 논거로 제시하는 한 철학적인 수사학에서 무의미하면서도 위험한 궤변만을 보는 것이다. 그렇기 때문에 만약 철학자가 지나치게 엄격한 철학적인 요구를 고집한다면, 철학자는 국가의 존속에 위험한 존재로 보일 수 있다. 철학자는 허위적인 문제들로 사람들을 '흥미롭게' 하면서, 전쟁·상업·정치와 같은 실제적인 문제에서 눈을 돌리게 한다. 따라서 철학자의 수사학적인 폭력은 국가에 위험한 것이 된다. 소크라테스는 청년들을 유혹했고, 그들을 실제적인 사명에서 빗나가게 했다. 그리고 그는 다른 사람들처럼 믿는 것으로 만족하지 못하고, '믿는 이유'를 갖고자 했기 때문에 불경한 스승이다.

소크라테스의 죽음

이제 우리는 철학자의 죽음과 유해한 영향력으로부터 국가를 구하기 위해, 어째서 비철학자 역시 철학자에서 폭력으로 맞서는지 이해할 수 있을 것이다. 회심이라는 관념적인 죽음의 위협에 대해 비철학자는 매우 현실적인 위협, 즉 죽음으로 대응한다. 실제로 이러한 상황에서 우세하는 해결책은 서로 대치하고 있는 강자들의 관계에 달려 있다. 비철학자는 물리적인 폭력을 사용하지 않고 쉽게 철학자를 무력화할 수 있다. 철학자를 신뢰하지 않고 반순응주의자로 여기며, 그의 말을 공상으로 치부하여 배척하는 것으로도 충분할 것이다. 철학자에게 이러한 경멸과 무관심은 분명 육체적인 죽음보다 더 심각한 것이다. 사실 철학자에게 있어서 육체적인 죽음은 군중에게 행하는 최후의 감각적 증언, 즉 마지막으로 회심을 호소하는 최후의 권고라는 것 외에 진정한 의미는 없다. 의심의 여지없이 바로 이것이, 자신을 심판하고 자신에게 사형 선고를 내린 아테네인들에게 한 소크라테스의 마지막 발언의 진정한 의미이다.

'자연스러운' 상태가 아닌 철학은, 회심하는 사람이 타인과 그 자신에게서 분리되어 나오기를 촉구하고 논증한다. 바로 여기에서 철학적인 방식의 특징인 양면성이 나온다. 철학은 회심을 요구하면서 철학 자체를 사라지게 하거나, 또는 철학이 대면하여 이성을 갖게 하려는 비철학자를 없앨 위험이 있다. 실제로 여기에서 무시당하는 것은 바로 인간의 인간성 그 자체이다. 인간성의 본질은 철학이 제거되건 비철학이 제거되건 위협을 받는다. **이 이중의 위협을 어떻게 극복할 수 있을까?** 이것이 앞으로 우리가 전념해야 할 문제이다.

3

철학의 초월성

철학자이다라는 것은 본질적인 실재들이란 보통 우리가 살아가기 위해 만족하는 실재들과 동일한 종류가 아니라는 점을 아는 것이다. 그것은 철학자가 **진리를 추구한다**라고 부르는 것이다. 이 진리의 추구는 완전히 새로운 어떤 것으로의 이행을 요구한다. 예를 들면 나는 책이 필요할 때 책을 찾으러 도서관으로 가고, 담배가 필요할 때 담배 가게로 간다. 그런데 진리가 필요할 때는 그것을 찾으러 어디로 가야 하는지 모른다. 결국 나는 진리가 나의 일상의 삶의 세계에 속해 있지 않다는 사실을 깨닫는다. 진리는 내가 습관적으로 사용하는 사물들과는 다른 것이다. 나는 일상생활의 다른 물건들에 의지하는 것처럼 결코 진리에 의지할 수 없다. 나는 일상의 삶에서 또 하나의 태도, 또 하나의 다른 자세를 만들어 내야 하는 것이다.

지금까지 우리는 철학의 존재 내에서 철학에 의해 제기되는 문제인 철학적인 과정의 '전대미문의' 특징을 역설했다. 철학이라는 혁신이 있기 전에 아무것도 없는 것이 아니다. 일상의 삶이 있고, 현실적인 실존의 어려움 가운데 생존과 비철학자가 있다. 그러면 인간성이란 어느곳에 자리잡고 있는가? 인간이다라는 것은 평범한 모든 사람들의 삶인 본능적이고 비철학적인 삶을 산다는 것인가, 아니면 철학자로 산다는 것인가? 회심은 일종의 죽음이다. 이 죽음은 철학자가 아니기 때문에 존재하지 않는 것으로 여겨지는 비철학자의 죽음인가? 아니면 철학자를 철학자이게 만드는 운동 속에서 비인간성 안으로 뛰어드는 철학자의 죽음인가?

1. 3단 논법

가치로의 접근

이제, 철학의 문제를 깊이 파고들면서 앞의 물음들에 만족할 만한 대답을 제시하도록 노력해야겠다. 그러기 위한 최선의 길은 철학적인 회심의 개념을 검토하는 일이다.

개종한다는 것은, 이전의 어떤 상태에서 이것과 연속성이 없는 다른 상태로 옮아간다는 것을 전제로 한다. 따라서 **회심**은 우리가 포기하는 것과 접근하는 것 사이의 단절이 동반되는 **이행이요 변화**이다. 그러나 어떤 것에서 다른 것으로의 이행은 **보다 상위의 실재를 위해서**, 과거에 대한 포기가 어떤 면에서 필연적인 것으로 나타나지 않으면 불가능할 것이다. 종교적인 회심의 예를 들어 보자. 어떤 사람이 속세에서 신을 믿기로 마음먹는다면, 그는 내면의 어떤 빛으로 인해 이전의 자신의 삶에 대한 깊은 허무감과 자신이 바라는 새로운 삶에 대한 바람직한 가치를 느끼기 때문에 그렇게 하는 것이다. 따라서 회심은 우리가 버리는 상태에서 원하는 새로운 상태로 기다리던, 그리고 구현된 이행의 근거를 제공하고 정당화하는 보다 상위 가치로의 접근을 전제한다. 이러한 상위 가치로의 접근을 나는 **초월성**이라고 부르겠다.

이 세 단계(이전, 가치로의 접근, 새로운 삶)의 운동은 사실상 어떤 인간 활동에나 다 적용될 수 있다는 것을 알아차릴 것이다. 모든 인간의 활동은 **출발점**(해야 할 구체적인 일, 다시 말해 풀어야 할 문제), **숙고와 결정**(우리가 스스로 부여하는 가치에 따라)**의 시기**, 그리고 마지막으로 **행동에 의한 구체적인 실행**을 전제로 한다. 단지 본능적이고 반사적인 행위 또는 경솔한 행위들(감정과 편견의 영향을 받는)만이 두번째 단계를 무시하고 이 도식에서 벗어난다. 바로 이 경솔한 행위를 그리스인들은 '폭력 또는 강압'('정상을 벗어난 태도')이라 불렀다. 이 두번째 단계를 '잊어버리는' 자신의 행동의 목적(가치)에 대해 숙고하지 않는 사람, 바로 이 사람은 실패할 위협을 무릅쓰는 것이다. 이 잊혀진 가치는 사후에 모순과 실책·벌의 형태로 반응한다. 또한 우리는 두번째 단계에 안주하여, 가치에 대해 명상하고 숙고하는 데 몰두하여 결국에는 행동하는 것을 잊어버릴 수도 있다.

철학의 초월성

인간의 모든 행동을 조직화하는 이 3단 논법을 철학에 적용해 보면, 철학자를 비철학자와 구별시키는 것은 내가 **초월성(또는 가치로의 접근)**이라고 부르는 **중간항을 적용시키느냐 무시하느냐**에 달려 있다. 비철학자를 있는 그대로 생각하지 않는다는 소리를 듣고 싶지 않다면, 이 점을 잘 이해해야 한다. 비철학자는 행동할 수 있으며, 또 자신에게 제기되는 문제를 반드시 해결하고 싶어 한다. 하지만 비철학자는 문제와 동일한 수준에 머물러 있으면서 그 문제를 해결하려고 한다. 한편 철학자는 **우회**를 감수하여 문제에서 멀리 떨어져 있거나 문제를 잊는 듯 보인다. 하지만 철학자는 이러한 우회가 제기된 문제에 타당한 해결책을 가져다 주기 위해서 필요하다고 생각한다. 그렇기 때문에 젊은 플라톤은 아테네인들이 서로 적대적인 여러 정당들로 분열되고 찢어져 있을 때, 처음에는 정치 활동에 뛰어들어 아테네에 평화와 화합을 가져다 줄 생각을 했다. 그는 아테네 정치 상황의 경험적인 여건들을 유기적으로 잘 연결하면서 국가에 평화를 가져다 주고, 경쟁자들의 편견이 상호 보완되기를 바랐다. 이러한 뜻의 실패로 인해 플라톤은 철학으로 향한다. 그가 도시국가에 무관심해진 것은 아니었다. 오히려 그 반대였다. 단지 그는 국가의 이익이 국가 외의 **다른 것**, 다시 말해 국가와 국가의 이익이 달려 있는 다른 것을 고려하기를 요구한다는 사실을 알았을 뿐이었다.

또한 국가를 개혁하는 일이 편견과 분쟁을 받아들이는 것으로 되지는 않을 것이다. 국가의 이익을 위해서 그것들을 이용한다고 해도 말이다. 그것은 현실의 상황을 넘어선 국가의 이익과 미래 환경에 대해 검토하고 초월적인 요소, 즉 편견과 분쟁들을 예고하고 해결을 가능하게 하는 이상적인 국가 조직을 발견함으로써 될 것이다.

초월성의 본질

따라서 **철학의 근본적인 문제는** 초월성에 관한 문제, 더 정확히 말해 철학 행위에서 철학자가 사용하고 있는 **초월성의 본질에** 대한 문제인 것 같다. 실제로 철학자는 행동을 하는 데 있어서 내가 초월성이라고 부르는 중간항의 필요성을 인정한다는 점에서뿐만이 아니라, **아무 초월성에나 다 도움을 청하지는 않는다는**

점에서도 비철학자와 구별된다. 왜냐하면 비철학자가 반드시 경솔하기만 한 것도 아니고, 순수한 본능에 의해서만 행동하는 것도 아니기 때문이다. 비철학자 또한 가치들에 접근한다. 나는 행동해야 할 때 나의 욕망 또는 욕구(이것 또한 나에게는 하나의 가치이다)를 따를 수 있고, 이런저런 (정당한) 이유로 내가 믿고 있는 권위에 조언을 구할 수 있으며, 종교적인 이상 또는 금전적인 이득을 따를 수도 있다. 간단히 말하면 나의 행위를 설명하고 정당화하는 비철학적인 이유들은 다양하며, 그것들이 반드시 근거 없고 고백하기 어려운 것만은 아니다. 따라서 나는 충분히 초월성에 접근한다. 그러나 만약 철학자라면, 나는 우리가 철학이라고 부르는 것의 본질 그 속에 나를 위치시키는 초월성, 즉 나를 철학자이게 만드는 독특하고 특수한 유형의 초월성에 도달한다.

내재하는 초월성

비철학자가 행동할 때 도달하는 초월성은 다음과 같은 기본적인 특징이 있다. 비철학자의 초월성은 인간과 무관하고, 인간 외부에 있으며, 욕망·권위·신 또는 경제적 관심과 관련해서 인간을 그 본질에 따라 명확하게 규명하지 못한다. 반면에 **철학적인 초월성은 인간 내부에 있고, 인간에 내재적**이며, 신·사회·세상의 사물들과 같은 그 어떤 이타성에 의지하지 않고서 접근이 가능하고 또 그렇다고 주장한다. 따라서 철학적인 초월성은 평범한 것이 아니다. 우리는 철학자가 되고자 하는 사람이 어떻게 해서 잘못된 초월성에 의지하여 실패할 수 있는지 보여 주면서 초월성을 설명할 것이다. 철학의 실패들이 철학 그 자체로 우리를 안내하기 때문이다.

2. 잘못된 길들

철학은 예로부터 실질적으로 부딪혀 온 두 가지 위험으로부터 끊임없이 위협받고 있다. 초월적인 중간항을 망각하는 것과, 이와 반대로 중간항에 거주하는 것으로부터 말이다. 여기에다가 가끔 철학은 정말로 철학적이 아닌 초월성에 호소하면서 중간항을 혼동할 수 있다는 점도 덧붙여야 한다. 이 세 가지 오류에 대해 몇 마디 언급하는 것은 철학적인 초월성이 무엇인지 명확히 하는 데 도움을 줄 것이다.

중간항의 망각

중간항을 망각하는 것, 다시 말해 숙고하지 않고 감정에 따라 행동하는 것이 비철학적인 태도의 특징이다. 그러나 비철학이 철학의 위치로 올라가기를 바라고, 진리와 절대의 혜택을 요구하는 일이 있을 수 있다. 철학의 역사에서 모든 **경험론**과 **실증론**을 규정하는 것은 원리이다. 경험론과 실증론은 경험에 기초한 직접적인 것을 절대로 여기며, '경험 속'에서 주어지지 않는 절대는 '선험적'으로 거부한다. 모든 진리는 소여(所與) 안에 내포되어 있고, 진리에 도달하는 유일한 방법은 지각이든 과학적인 인식이든 경험적인 소여와의 관계 속에 있다는 것이다. 그래서 메타경험론적인 요소에 호소하는 모든 인식 방법은 착각 또는 가상적인 환상으로서 거부된다.

이러한 철학의 전형적인 예가 흄의 철학이다. 그에게 있어서 모든 '형이상학'은 상식을 벗어난 공상의 산물이기 때문에, 그는 경험의 여건들을 분석하는 데 있어서 그 어떤 초월적인 요소도 끌어들이려 하지 않는다. 흄, 그도 철학자인가? 우리는 '경험론의 체계' 앞에서 불가피하게 이러한 물음을 제기하게 된다. 엄밀히 말한다면 흄은 철학자가 아니다. 하지만 그도 자신의 의도에 충실하지 않기 때문에 어떤 관점에서는 철학자이다. 그는 모든 초월성을 거부하지만 경험을 설명하기 위해서, 스스로 **자연의 법칙**이라고 지칭한 것에 호소하며 자신의 이론에 초월성을 살짝 끌어들인다. 이렇게 그는 자연을 넘어서는 요소를 전제로 한다. 그래서 그의 모든 사유에는 신의 그림자가 보인다(자연의 법칙을 정한 자가 신이라면 말이다). 따라서 흄은 초월성에 의한 변화를 거부하는 동시에 그것에 동의하기도 한다. 이러한 비논리성의 대가로 그는 여전히 철학자로 여겨질 수 있다. 그리고 흄은 침묵으로 인해 스스로 뛰어넘었다고 선언한 것을 숭배하는 불충실한 철학자가 된다. 흄의 예는 철학은 초월성에 의한 이행을 거부할 수는 있지만, 초월성의 역할을 하는 어떤 것에 호소하기 때문에 그것을 완전히 피할 수는 없다는 점을 보여 준다. 이러한 태도는 분명 끝없이 불명확함을 초래하는 중간항에 대한 망각이다. 그는 자신이 무엇에 대해 말하고, 또 자신의 숙고가 무엇을 전제하고 내포하는지 결코 확실히 알지 못할 것이다.

초월성 안의 거주

철학자를 위협하는 두번째의 오류 또는 유혹은 첫번째 것과 완전히 반대된다. 두번째 오류를 범하는 철학자는 중간항을 무시하기는커녕 경험으로 돌아와 그것에 의미를 부여하는 것을 잊고 중

간항 속에 자리를 잡는다. 철학자는 자신이 출발한, 그리고 이해
한다고 주장하는 상황과 경험을 잊어버린다. 초월성이 경험적인
소여의 '현실성을 잃게 하고' 그것을 환상의 영역으로 몰아낸다.
철학 행위는 일종의 삶에서의 출구, 또는 플라톤이 《파이돈》에서
언급한 '여기에서의 회피'를 의미하게 된다. 이러한 태도를 분석
하고 비판하기는 더욱 어렵다. 보통 이러한 태도를 철학과 동일
시하면서 철학을 삶에서 멀리 떨어진 성찰로 간주하기 때문이다.

처음에 언급한 버클리의 작품 《힐라스와 필로누스의 세 대화》
로 돌아가서 이러한 회피를 묘사할 수 있을 것이다. 힐라스(그리
스어로 hulê, '질료'라는 뜻이다. 따라서 여기서는 비철학자를 의미
한다)는 친구 필로누스('정신을 사랑하는 사람'), 즉 철학자와 격론
을 벌인다. 힐라스는 철학의 어떤 점을 비난하는가? 그가 말하길
철학자는 너무 고상하기 때문에, 그의 언어는 비철학자가 살고 있
는 세계와는 관련이 없다. 비철학자는 철학자가 '어떻게 살아야
하는지' 말해 주기를 기대하는 데 반해, 철학자는 삶의 이유들을
모두 잃게 만든다. 철학자는 인간에게 신임을 잃었고, 인간을 파
멸로 이끈다. 철학은 아무 소용이 없으며 해롭기까지 하다.

필로누스의 대답은 친구의 혼란을 가중시킨다. 요컨대 필로누
스는 다음과 같이 대답한다. 자네가 전적으로 옳다네. 나도 자네
의견에 동의하네. 그는 계속 이야기한다. "최근에 나는 그러한 사
유 방식(힐라스의 방식)으로 숙고해서, 내가 얻었던 여러 가지 고
상한 관념들을 포기했네. […] 평범한 의견들을 다시 취하기 위해
서 말일세." 이 말에 힐라스는 매우 기뻐하지만, 그의 기쁨은 아
주 잠시 동안만 지속된다. 필로누스는 자신의 '비현실적인 공상'

을 포기하지만, 물질 세계는 정신의 산물이라고 주장하는 것을 비롯해서 한층 더 놀라운 견해들을 주장한다.

힐라스에 따르면 철학자는 자연을 설명한다고 하면서 상식과 대립되는 견해들을 지지한다. 이제 성찰은 우회하면서 출발점, 즉 경험으로 돌아가서 물질계의 경험에 의미를 부여하는 식의 논법으로 정의되지 않는다. 생각한다는 것은 경험의 세계를 완전히 떠나 **그 너머의** 세계로 들어가 자리잡는다.

절대(絕對) 안에서의 패배

초월성 안에 들어가 자리잡는 것으로 스스로를 규정하는 철학은 절대 안에서 길을 잃는다. 인간의 비참을 만드는 현실과 의심 · 우연성 · 역사 · 변화 · 다양성 같은 인간의 위엄은 절대적인 실재, 즉 영원하고 변하지 않으며 유일한 진리에 자리를 내준다. 이와 같이 드러나는 초월성은 경험의 세계를 제거하면서 그것을 완전히 상실한다.

상상계와 비현실계를 위해서 **철학을 가능하게 하는** 경험의 세계를 버리고 무의미한 곳으로 만들며, **경험의 세계를 망각하는** 듯한 철학적인 전통은 매우 오래되었다. 그러나 그러한 철학도 지속적으로 경험의 세계가 필요하며, 그것 없이 만족할 수 없다. **설명할 수 없는 것, 즉 의미도 근거도 없는 것이 가장 필요한 것이다.** 그러한 성찰도 출발점을 고정시킨다면 모순되지는 않을 것이다. 그러나 우리는 성찰이 다시 출발점으로 돌아와 그것에 의미를 부여할 때에만, 다시 말해 **성찰이 절대 안에 자리잡는 것을**

포기할 때에만 그 출발점을 고정시킬 수 있다. 철학은 초월성과 마찬가지로 느낄 수 있는 직접적인 것도 포기할 수 없으며, 하나가 다른 하나에 의미를 부여하는 이 둘을 같이 인정해야 한다.

3. 철학의 길

문제 제기로서의 철학

철학은 일상의 삶의 여건들이 **불확실해질 때, 삶이 질문으로 변할 때** 시작된다. 이 점 또한 잘 이해해야 한다. 날마다의 삶은 질문들로 가득 차 있다. 내일 산책하러 나가고 싶다면 내일 날씨가 어떠할지 궁금할 것이고, 정비소에서 청구서를 받는다면 어떻게 결제할지 생각할 것이다. 이러한 일상 생활의 모든 질문들은 매우 걱정스러운 것들이라도 언제나 해답이 문제의 여건 안에 있다는 공통점을 갖고 있다. 그래서 일상 생활의 환경을 벗어나지 않고 문제를 해결하는 일이 가능하다. 나는 지표를 참고하거나 기상대에 문의하여 날씨를 확인할 수 있으며, 예산을 잘 운용하거나 대출을 받아 청구서를 결제할 계획을 세울 수 있다. 그러나 철학적인 문제는 경험적인 삶 전체를 총괄하는 하나의 **질문으로서** 일상의 문제들과 구별된다. 라이프니츠는 철학이란 요약하자면 질문으로 완전히 정의되는 것이라고 말했다. **왜 거기에는 아무것도 없는 게 아니라 무엇인가가 있는가?** 이러한 질문에 대해 세상의 것에 근거를 둔 그 어떤 대답도 해답을 줄 수 없다. 철학적인 회심은 경험적인 현실 전체를 에워싸고 있는 '왜'라는 물음이 제기되는 것으로 이루어진다. 초월성은 우리가 도달하는 관점이며, 이러한 관점을 통해 우리는 왜라는 질문을 제기할 수 있다.

왜의 이유

요컨대 초월성은 **왜의 이유**이며, 이 이유는 철학을 규정하는 질문을 가능하게 한다. 이러한 관점에 이르는 것은, 결국 왜 인간에게 모든 경험적인 삶을 총괄하는 물음이 있는지 이해하는 것이다. 앞서 언급한 두 가지의 오류 또는 유혹은, 결국 철학자가 늘 이 왜의 이유를 이해할 수 있는 것은 아니라는 점을 알려 준다. 철학자가 철학적인 문제 제기의 진정한 의미에 대해 잘못 생각하고, 초월성을 잊을 수도 있으며, 철학을 세계에 대해 설명하는 하나의 학문으로 만들고, 단순히 경험에 의거한 질문으로 한정시킬 수도 있는 일이다. 또한 철학자는, 철학이란 세계에 대한 문제 제기이며 인간이라는 문제에 대해 질문하는 것이라는 사실을 망각한 채 초월성 안에 들어가 있을 수도 있다. 그렇기 때문에 철학은 결코 솟구치는 물음들을 고갈시킬 수 있는 최종적이고 절대적인 해답일 수 없다.

초월성의 본질

따라서 철학의 문제는 **초월성의 본질**에 대한 단 하나의 물음으로 귀결된다. 그래서 늘 이 물음에 주시하는 철학은 철학에 대한 철학이 되며, 자신의 본질에 대해 계속해서 의문을 제기한다. 철학 자신의 것인 이 예리한 관심 속에서, 철학은 끊임없이 자신을 위협하는 '평가절하'의 위험들을 피하려고 노력한다. 모든 철학들은 철학이기 때문에 초월성의 토양 위에 근거를 두고 확립되며, 질문을 가능하게 만드는 장소에 도달하고자 하는 동일한 욕망 안에서 만난다. 철학자들의 여러 이론들이 서로 대립한다면 그것은 그 이론들이 철학적이기 때문이 아니라, 오히려 근거를 추구하는데 실패하여 **비철학적인** 것이 그 이론들 속에 들어가 있기 때문이다.

이처럼 우리가 철학을 규정할 때 사용한 논리의 두번째 단계가 본질적인 역할을 한다. 초월성에의 접근이라는 바로 이 두번째 단계에서, 철학은 철학으로서의 자신의 본질 자체에 스스로 문제를 제기하는 것이다. **철학자가 된다는 것**은 철학에 철학으로서의 자격을 부여하는 **초월성의 본질을 밝히는 것**이다. 약간 추상적이긴 하지만 이 지적들이 혼동의 염려 없이 처음에 제기한 구체적인 질문으로 돌아갈 수 있게 한다. 철학은 스스로를 인간적인 삶의 본질적인 활동이라고 주장하며, 예전에 우리가 인본주의라고 불렀던 것을 정당화한다. 철학은 자신의 근거인 초월성이 어떤 면에서는 여전히 **인간적**이라는 것을 증명할 때에만 이와 같은 요구에 부응할 수 있다. 사실상 그것은 철학적인 문제 제기의 근거, 즉 왜의 이유는 **바로 인간 본질의 발견**이라는 것을 증명하는 일이다.

4

근거의 문제

사유하기 위해서 인간은 어디에 자리잡아야 하는가? 철학의 초월성의 본질은 무엇인가? 앞의 지적들은 이러한 물음들이 철학의 제(諸) 문제, 더 나아가 본질적으로 **인간성**에 대한 제 문제를 포함한다는 사실을 보여 준다. 이러한 분명한 관점에서 철학에의 안내, 초월성에의 접근은 인간이 자기의 인간성을 실현하는 장소에 도달하는 것과 다르지 않다. 이제 우리는 철학에 제기된 물음에 해답을 제시해 보고 고상하게 묘사된 공허한 형식들을 채워 봄으로써, **우리 스스로 철학 속으로 들어가** 이론적인 차원에서 실제적인 차원으로 분명하게 넘어갈 수 있을 것이다.

1. 철학의 역설

철학자이기 또는 철학자되기

우선 철학적인 방식의 역설적인 특성을 지적해야겠다. 앞에서 우리는 철학자들과 비철학자들이 있는데, 철학자는 천성적으로 그렇게 태어나는 것이 아니라 회심하는 데 동의하여 철학자가 된다는 기이한 현상에 주목했다. 이제 그 현상은 그저 단순한 현상에 그치지 않는다. 그것은 우리가 계속 추구하고자 하는, 또 그것이 의미하고 내포하는 것을 밝혀야 하는 숙고의 대상이다. 우리는 초월성에 도달하여 철학자가 되어야 하는 것이 사실이라면, 사유란 즉각적인 태도가 아니라 애를 써서 획득해야 하는 태도라면, **우리는 이미 철학자가 아니라면 앞으로도 결코 철학자가 되지 못할 것이라는** 역설을 인정해야 한다. 철학이 있기 전에 아무것도 없는 것이 아니다. 세계가 있고, 그럭저럭 잘살 수 있게 하는 일련의 신앙과 확신 같은 것들이 있다. 사유가 있기 전에 비철학이 있는 것이다. 철학자가 되고자 한다면 비철학적인 신앙과 확신들이, 다시 말해 우리의 이 일상적 삶 전체가 '철학자가 되려는' 기이한 '욕망' 속에서 **무엇을 근거로** 문제시되고 완전히 초월당하는지 자문해 봐야 한다. 이 물음에 사람들은 상식 수준의 대답을 줄 수 있을 것이다. 예를 들면 우리의 경험적인 삶과 직접적으로 연결된 이 세계가 이유 없고 변덕스러워 보이며, 전혀 확실성이 없기 때문에 이 세계를 의심하는 것이라고 말이다. 그러나 우리가 이성이 무엇인지 미리 알고 있지 않다면 어떻게 그렇게 대답할 수 있겠는가? 그리고 경험적인 세계를 이성이 없다고 의문시하려면 우리는 이성이 무엇인지 미리 알고 있어야 하며, **이미 철학자여야 한다.** 알고 있지 않은 것에 대해서 애석히 여길 수는 없는 일이다.

책 속에서 철학을 살펴보면, 철학에는 불확실성이 없는 것처럼 보일 수 있다. 그러나 철학이 어떻게 생겨났고 어떻게 철학자가 되는지 의문을 가져 본다면, 다음과 같은 역설에 부딪히게 될 것이다. 즉 철학자이기 이전에 우리는 비철학자이다. 그러나 철학자가 되고자 하는 욕구를 갖기 위해서는 비단 비철학자이기만 하면 되는 것이 아니라, **어떤 면에서는** 이미 철학자이어야 한다. 어떻게 비철학자인 동시에 철학자일 수 있는가? 철학은 구체적이고 실제적인 훈련에 따른 초월성에 의해 정의되지만, 미리 초월성에 도달하지 못한다면 결코 철학을 하는 데 이르지 못할 것이다.

자아로 돌아가기

이와 같은 역설을 늘어놓고 주장하기 위해서는, 철학을 규정하는 초월성이란 언제나 미리 주어지는 것이지만 **베일이 벗겨져야** 한다는 점을 밝혀야 한다. 초월성은 우리 뒤에 있는 것이지만, 우리는 그것을 우리 앞에 드러내 놓아야 한다. "사유하는 가운데 가장 오래된 것이 우리의 뒤에서 앞으로 우리를 만나러 온다"(《사유의 경험》)고 하이데거는 쓰고 있다. 초월성으로 올라가는 것, 철학이 구성될 수 있는 지점에 도달하는 것은 우리가 망각한 어떤 것을 되찾는 일이다. 즉 자아로 되돌아가서 **자아보다 더 근원적인 것**, 다시 말해 잊혀졌지만 언제나 미리 주어지는 **진정한 자아**를 밝히는 일이다. 어떤 의미에서 이것은 우리가 모든 철학자들에게서 찾는 테마, 즉 철학의 잊혀진 친숙함이다. 철학으로의 이행은, 플라톤이 주장했듯이 **어렴풋한 기억**을 되찾는 일이다. 그렇지만 플라톤이 언급했던 것에 좀더 명확한 설명을 덧붙여야 한다. 아니 그보다 그가 언급한 것을 잘 이해해야 할 필요가 있다. 실제로 플라톤은 우리가 태어나기 전의 시기에 대해 말하며, 가상적으로 자신의 이론을 표현한다. 우리는 그 시기 동안 관념적인 실재들을 응시했었고, 그 결과 현재의 삶 속에서 그 다른 세계를 상기할 수 있다고 말이다. 이러한 상기설은 시간상의 '이전'으로 돌아가라는 의미에서가 아니라, **성찰의 과정에서 자아에 대한 철저한 연구**를 해야 한다는 의미에서 고안되었을 것이다. 하이데거가 설명하듯이 상기는 '내면에 대한 회상인 동시에 내면으로의 회귀'이다(sicher-innern, '내면으로 돌아가다').

　우리는 철학의 가능한 출현을 설명하려는 게 아니라 이해하려고 한다. 사유가 출현하는 순간을 다시 붙잡으려 할 때, 우리는 어떤 면에서 철학이 이미 거기에 없었다면 결코 나타나지 못했을 것이라는 역설에 부딪히게 된다. 이러한 이유로 해서 아마도 **철학은 결코 자기 스스로 자신의 기원을 설명할 수 없을 것이다.** 철학은 스스로 근거를 확립할 수는 없지만, 근원적인 이전으로서 철학을 이루는 초월성을 언제나 전제한다——이 시간상의 근원적인 이전은 가능성의 조건인 동시에 한계이기도 하다. 이것이 우리가 도달한 첫번째 중요한 결론이다. 나중에 우리는 이 결론을 명확히 하고, 그것이 내포하는 것들을 모두 밝히기 위해 다시 상기해야 할 것이다. 사유는 언제나 **그 자신보다 앞선 어떤 것,** 철학의 근거이며, 사유가 철학이기를 포기하지 않는 한 벗어날 수 없는 어떤 것을 가리킨다.

2. 철학과 철학자들

철학 이전

철학이 있기 전에 어떤 것이 있었다. 그 근원적인 실재는 언제나 미리 주어졌으나 잊혀졌으며, 따라서 언제나 그것을 되찾아야 한다. 이상이 철학자들마다 표현 방식은 다르지만 **모든 철학자들이 늘 가정하고 있는 확신이다.** 철학자들간의 대립은 이 잊혀진 실재가 무엇인지 물을 때 발생한다. 우리가 사유하고 진리에 도달하기 위해 다시 찾아야 하는 것은 이데아와 관념적인 형상들이라고 플라톤은 말한다. 그러나 이데아란 감각적인 현실에 내재한다고 생각하는 아리스토텔레스는, 이 형상들과 분리된 존재를 믿는 플라톤을 비판한다. 이 두 철학자가 철학의 전 역사를 특징짓는 **이원론**을 잘 표현하고 있으므로 이들의 철학을 예로 들겠다.

저쪽 세계로서의 이전

몇몇 철학자들에게 있어서 **이전(以前)은 이 세계와 역사의 너머, 저쪽 세계에서 발견해야 하는 것**이며, 다른 철학자들이 생각하듯이 이 세계에서 깊이 성찰하여 도달할 수 있는 것이 아니다. 이것은 철학자들이 때로는 경험적인 소여 안에서, 때로는 결코 주어질 수 없는 소여의 근원인 저쪽 세계에서 초월성을 추구하듯이 철학적인 초월성의 본질을 규정하는 데 있어서 망설이는 것과 같다. 철학자들이 철학의 근거와 관련해서 상충되는 견해들을 끊임없이 내놓으며, 철학의 이전과 관련해서 대립하기는 쉬운 것 같다. 이 두 개의 큰 경향 내에서도 수많은 의견들이 대립한다. **철학적인 계획을 정당화하는 이 세계의 근원인 저쪽 세계는 몇몇 철학자들에게는 관념적이고 변하지 않는 본질들의 영원한 세계이지만, 다른 철학자들에게는 보편 이성 또는 절대 정신이다. 한편 또 다른 철학자들에게 그 정신은 바로 신 그 자체이다.** 다른 의미에서 보면 모든 철학자들은 절대적인 관점을 거부한다는 데에서 소극적으로 의견을 같이하지만, 그들 각자의 철학의 구성적인 관점을 형성하고 있는 것을 적극적으로 규정할 때 또다시 대립한다. 즉 그것은 인간과 인간의 자유이기도 하고, 자연과 자연의 논

리이기도 하며, 더 나아가 지각을 통해 인간에게 주어지는 세계
이기도 하다.

이쪽 세계로서의 이전

우선 초월성의 본질을 규정하는 데 있어 철학자들이 주저하는
것에 대해 좀더 연구해 보면, 최근에서야 **철학이 저쪽 세계가 아
니라 인간과 인간의 현실이라는 이쪽 세계에 근거를 두려고 했다**
는 점을 알아차릴 것이다. 일반적으로 '무신론'이라 불리는, 인
간을 초월하는 절대에 대한 부정은 최근에 생각해 낸 것으로, 신
에 대한 문제보다 사유와 철학의 문제에 더 많은 해답을 제시해
준다. 여기서 철학의 역사적 문제들을 논의하지는 않겠다. 단지
철학 전체와 그 모든 결과들을 동시에 문제삼지 않고서는 철학의
근거의 문제를 검토할 수 없다는 점을 언급하고 싶다. 이것이 아
마도 오직 자기 스스로 철학 전체를 거쳐야만 철학으로 일관성 있
게 들어갈 수 있는 이유일 것이다.

철학자들간의 의견 대립

철학자들은 서로 추구하는 것에서 의견의 일치를 보지 못하는
것 같다. 사유의 근거에 관해서 불일치하기 때문에, 철학자들은
인간과 인간 존재를 이해하는 데에 있어서 타협을 모르고 대립하
기에 이르렀다. 우리는 철학의 역사를 바라보는 사람으로서 이 명
백한 사실을 부인할 수 없을 것이다. 철학자들의 망설임과 심지
어 그들 사이의 대립은 실증적인 해석을 가능하게 하며, 우리가
상기해야 하는 잊혀진 실재에 대한 몇 가지 지식을 가져다 줄 수

있으므로 그들의 논쟁을 이해하려고 노력해야 한다.

근거를 찾는 데 있어서 무력함

철학자들은 철학의 근거를 깨닫는 데 있어서 일종의 철학의 무력함을 보여 준다. 그러나 철학자들간의 학설의 대립 속에 목표의 일치가 있는 것은 아닐까? 모든 철학자들은 단지 철학자이기 때문에, 진리를 추구하기 때문에 철학의 근거를 추구하고 망각한 것, 즉 밝혀야 하는 이전을 상기하고자 한다는 공통점이 있다. 그들의 이론 속에서, 그리고 그들의 이론을 넘어서 각각의 철학자들은 이 본질적인 목표에서 합류하도록 해야 할 것이다. 메를로 퐁티는 다음과 같이 쓰고 있다. "각각의 철학들은 철학자들이 들어가 있는 빈 조개껍질이며, 조개껍질들은 그 안에 조개가 살고 있다는 것을 겨우 짐작할 수 있게 한다. 학설을 넘어서 철학자라는 것은 진리들이 일치하지는 않지만 서로 밀접하게 연관되어 있다는 것을 느끼는 것이고, 진리들이 세계 속에 함께 어울려 있으므로 그 연결 매듭을 찾아 함께 보존하는 것이며, 요컨대 결심이요 광명에 대한 내기이다."(《철학의 찬사》) 모든 철학자들은 가장 근원적인 것을 찾고 싶어하나 그들의 이론은 일치하지 않는다. 이 사실은 단지 철학자의 본질적인 임무가 사유의 영역 안에 자리잡는 일이라는 점을 잊고 있는 사람들에게만 터무니없고 이상해 보일 것이다. 여러 이론들의 불일치는 사유 전체의 근거를 제공하는 잊혀진 것, 즉 이전을 추구할 때 그것에 도달하기 어렵고 또 그것을 다시 망각하기 쉽다는 점을 나타낼 뿐이다. 그것을 되찾고 그 안에 자리잡으려고 행하는 노력은 끊임없이 실패하고 타협하기에 이른다. 가려진 것을 완전히 드러나게 할 수는 없는 일이다.

철학자들간의 근원적인 합의

철학자들의 대립의 이면에 완전한 견해의 일치가 있음을 알게 되었을 것이다. 그들은 모두 **근거로 회귀**하고자 하는 욕망을 가지고 있을 뿐만 아니라, 어떤 면에서는 모두 **잊혀진 것**에 대해 말하고 있다. 어쩌면 철학자들이 그것에 대해 잘못 말하고 있는지 모르고 그들의 말이 서로 일치하지는 않지만, 그래도 그들은 그것에 대해 언급한다. 철학자들은 단지 잊혀진 것에 대해 분명하게 말하고 싶은 유혹, 결코 전부 드러나게 할 수 없는 가려진 것을 완전히 밝히고 싶은 유혹에 질 뿐이다. 왜냐하면 그 잊혀진 것이 현재 이 세계의 것이라면 모두의 이해력이 미치는 범위 내에 있을 것이고, 따라서 철학자라는 것이 무의미해질 것이기 때문이다.

철학자들은 이 점을 깨닫지 못한 채, 다시 말해 철학은 명확하게 밝혀지지는 못할 잊혀진 근거를 기초로 한다는 사실을 잊고서 철학을 완전히 투명하고 명백한 것으로 만들고 싶어한다. **철학자들은 모두 같은 것에 대해 생각하고 있지만, 자신들이 생각하고 있는 것에 대해 동일한 방식으로 말하지 않는다.** 마지막으로 덧붙이자면 철학자들이 생각하고 있는 것, 즉 철학자들이 사유의 근거에 대해 말할 때 지칭하고자 하는 것은 인간이다. 따라서 사유가 출현할 수 있는 토양으로서의 인간의 인간성을 되찾는 일이 중요하다. 결과적으로 철학의 인본주의적인 초안을 명시해야 할 필요가 있다.

5

철학과 인본주의

철학은 때때로 자각하지 못하는 경우도 있지만, 근본적으로 인본주의적인 특성을 내포하고 있다. 이것은 인간이란 자신의 인간성으로 되돌아감으로써 사유가 발생하고 발전할 수 있는 근거에 도달할 수 있다는 것을 의미한다. 그러나 철학이 자기 자신 안에 갇힌 인간론으로 변하면서, 인간에만 주의를 기울이고 철학 자신 안에 틀어박힌다는 것을 의미하지는 않는다. 인본주의는 인간 자신을 초월해서만 유지될 수 있다. 사유는 인간의 인간성이라는 토양 위에서만 성립될 수 있지만 이 토양은 사라지는 것이며, 인간은 오직 자신 외의 다른 것에 지속적으로 투사됨을 통해서 그 토양 위에 설 수 있다.

1. 인본주의와 너무나 인간적인 것

인간은 이행 단계이다

인간은 오로지 **어딘가로 향해가는 과정**일 때에만 인간이다. 니체가 übermensch, 즉 '초인'이라는 용어에 부여한 의미에서 말이다. 인간은 자기 자신 안에 갇혀 단순히 인간이기만을 바란다면, '너무나 인간적(allzumenschlich, 이 또한 니체에 따르면)'이 된다.

결국 그는 비인간적인 상태에 이르게 된다. 여기서 우리가 언급하고 있는 철학의 장소로서의 인본주의는 이제 지지할 수 없는 것 같다. 인본주의는 인간의 인간성을 가리키지만, **인간성은 또한 그것 아닌 다른 것을 가리킬 때에만 진정으로 인간적이기 때문이다.** 이제 우리는 어째서 철학이 자주 곤경에 빠지게 되는지 진정으로 이해할 수 있을 것이다. 철학은 인간의 인간성을 대상으로 하지만, 그 인간성 이하를 겨냥(초월성을 망각한 채 인간을 사물로 여기면서)하거나 그 이상을 겨냥(인간이 초월성 안에 들어앉아 자신을 넘어서는 절대 속에 빠지면서)하여 그것을 놓치게 되는 것이다.

인간은 진리의 장소가 아니다

철학의 역사를 살펴보면, 인본주의로 철학을 정의하는 것이 이상하게 생각될 수 있다. 대부분의 철학자들은 인간을 너무나 인간적이라고 여기며, 오히려 인간을 불신했다. 실제로 **인간은 진리와 확실성의 장소라기보다는 차라리 오류와 의견의 장소이다.** 그리고 철학자가 된다는 것은 상위의 관점을 향해 인간을 넘어서려고 시도하는 것이다. 따라서 진리에 대해 생각한다는 것은 인간의 관점에서가 아니라 절대자 또는 신의 관점에서 생각한다는 것이다. 물론 인간은 한정과 유한성 안에 갇혀 있기는 하지만 제법 효과적으로 처신할 수 있다. 그러나 인간이 진리의 장소가 될 수는 없다. 진리의 세계는 일상의 세계 너머에 있기 때문이다. 철학은 인본주의의 품격을 떨어뜨리며, 스피노자가 아주 명시적으로 원했듯이 영원성의 관점에서 모든 것을 생각하는 보편 정신의 관점을 선호하는 듯 보인다.

그러나 우리는 비인본주의적인 전통에서도 인본주의적인 의지를 찾을 수 있다. 이러한 전통은 절대 또는 정신에 대해 말하고 있지만, 대담하게 그 이름을 대지는 못해도 그것들이 말하고자 하는 것은 역시 인간이다. 더욱더 신격화하기 위하여 명시적으로는 인간을 부인하면서 말이다. 인간의 결점 앞에서 우리가 느끼는 반감에도 불구하고, 인간 이상의 것에 자리잡기 위해 들이는 노력에도 불구하고 우리가 다른 모습 뒤에 숨긴 채 이상적인 것으로서 추구하는 것은 그래도 역시 인간이다. 실제로 인간을 지양하려는 철학은 곧 가치를 잃게 될 것이며, 따라서 탐구하는 주체가 없는 철학이 될 것이다. 칸트의 말대로 플라톤 철학의 비둘기는 너무 높이 올라가서, 자기를 지탱해 주고 숨쉴 수 있게 해주는 대기층을 벗어난다. 그러나 거기서 비둘기는 죽지 않는다. 너무 높이 올라간 것은 말뿐이었기 때문이다. 사실상 비둘기는 자신의 생존을 가능하게 하는 지역을 떠난 것이 아니다. 철학자는 완전히 인간을 넘어선다고 주장할 수 있다. 왜냐하면 말로만 넘어서는 것이기 때문이다. 그가 계속 철학자이고 계속 말을 한다면, 그의 담화는 절대자의 담화가 아니라 인간의 담화이다. **암묵적으로라도 인간이라는 사실을 진지하게 생각하지 않는다면, 그 누구도 철학자일 수 없을 것이다.**

인간을 거치기

여기에서 절대에 관한 철학들을 분석할 필요는 없을 것이다. 앞서 설명한 것과 같은 철학의 논법 그 안에서, 우리는 인간을 거쳐야 하는 필연성을 파악할 수 있기 때문이다. 앞서 한 지적들을 요약하면 다음과 같다. **철학으로의 이행은 초월성에의 접근으로**

이루어진다. 그리고 초월성은 철학 이전에 주어졌고, 인간이 자연적이고 경험적인 삶을 살아온 것만큼 오랫동안 잊혀진 실재인 듯하다. 철학자가 된다 또는 사유한다는 것은, 망각 속에서 초월성을 되찾기 위해 그 이전으로 회귀한다는 것을 뜻한다. 그리고 철학의 이전이란 사유를 존재하게 하는 토양으로서, 인간의 잊혀진 인간성을 의미한다. 사유는 이 인간성 위에 **뿌리내려야 한다**.

이제는 이러한 이전이 철학 이전의 실재, 다시 말해 철학이 전제로 하지만 포함할 수는 없는 실재를 의미한다는 것을 밝혀야겠다. 그 실재는 사유가 출발한 토양이며, 이 토양은 사유보다 훨씬 깊고 환원할 수 없는 다른 차원을 상징한다.

2. 인간의 잊혀진 인간성인 이전(以前)

철학 이전의 인간

철학이 존재하기 전에 무엇이 있다면(시간상이기보다 존재론적인 이전) 철학은 철학 스스로 자신을 설명할 수 없으며, 철학의 동기를 제시하고 자신을 정당화하기 위해 자기 근거와 합류할 수 없을 것이다. 철학은 이유 없고 불합리한 계획처럼 근거가 없는 것이 아니다. 오히려 철학에는 근거가 있지만, 그 근거는 철학보다 훨씬 심오하고 철학이 미치지 못하는 곳에 있다. 철학은 언제나 자기 자신과는 다른 어떤 것을 **전제한다**. 그리고 사유는 자신의 근거를 찾기 위해서 자신보다 훨씬 심오한 실재, 즉 철학이 불합리해지거나 근거가 없어지지 않는 한 망각하거나 부인할 수 없는

언제나 이미 거기에 있는 것의 힘을 빌려야 한다.

사유는 그 이전으로 거슬러 올라가기는커녕 이전이라는 전제에 부딪히게 된다. 사유에 있어서 **무엇인가**로 거슬러 올라가는 일은 존재하기 위해서 매우 중요하지만, 그 무엇인가를 사유는 설명할 수 없다. 초월성 안에 자리잡고 있는 절대에 관한 철학들은 자신을 정당화하는 것을 설명하지 못한다는 철학의 겸손과 굴욕을 견디지 못한다. 그러한 철학들은 절대적인 관점에 도달하기를 바라지만 그 바람은 **아무것도 전제하지 않으려는**, 사유 속에 이전이라는 보다 심오한 것을 내포하려는, 철학 스스로 자신의 근거이려고 하는 의지와 다르지 않다. 이처럼 절대에 관한 철학들은 철학 이외의 다른 것, 즉 철학 이전에 삶이 있다는 사실에 근거를 두어야 한다는 필연성을 인정해야 하는 철학의 굴욕적이고 힘든 상황을 배제시킨다.

철학은 삶에 뿌리를 내리고 있다

"Primum vivere, deinde philosophare," 즉 먼저 살아야 하고 그 다음에 철학을 해야 한다. 절대의 철학자들은 이 '다음에' 라는 용어를 아주 불쾌하게 생각하는 것 같다. 그들에게는 사유 이외에는 아무것도 근원적인 것이 없고, 사유만이 절대적인 것으로 이해될 수 있기 때문이다. 이것은 수학자들의 주장과 관련 있다. 절대의 철학들은 수학에서처럼 철학 자신이 성찰의 출발점으로 제시되는 주요한 명제이길 바란다. 그러나 이 철학들은 수학이 아무것도 언급하고 있지 않다는 것, 다시 말해 세계와 인간에 대해 아무 말도 하고 있지 않으며, 의미 없는 기표들의 단순한 유희일 뿐이라는 사실을 잊고 있다. 반면에 철학은 인간과 세계에 대해 설명하고 싶어한다. 이것이 사실이라면, 자기 스스로를 근거로 여기는 절대에 관한 철학들 또한 근거 없고 **비현실적인** 관념들이라고 말할 수 있다.

사유에 앞서고 사유를 정당화하는 실재는 바로 인간이다. 이것은 먼저 경험적이고 역사적인 관점에서 철학 이전의 비철학, 즉 자연적이고 비숙고된 삶이 있다는 것을 의미한다. 이 점은 진부하긴 하지만 그래도 필요한 지적이다. 철학자들이 자신들은 늘 철학자였던 게 아니라는 사실을 너무 쉽게 잊기 때문이다. 절대의 철학들은 철학적인 회심에 대해 끊임없이 언급하면서 비철학적인 이전의 경험을 전제함에도 불구하고 그 경험을 완전히 무시하고 설명하지 않는다. 철학 이전에도 나는 존재하지만, 세계 없이는 존재하지 않는다. 나는 세계 속의 다른 사람들·상황들과의 관계로 만들어진 복잡한 조직 속에서 날마다 살아간다. 분명 나는 철학자가 되면서 일상의 삶에 의문을 갖게 되지만, 내가 문제시하는 것은 바로 이 **일상의 삶**이지 그 어떤 다른 게 아니다. 나의 철학적인 질문이 경험적인 일상에 대한 것이 아니라면, 그것은 내용도 가치도 없을 것이다. 이렇게 일상의 삶, 바로 거기에서부터 그리고 바로 그 안에서 철학적인 질문이 시작된다.

6

현 존

내가 세계 안에 존재한다는 것은 철학적인 사유가 발생하기 위해서 우선적으로 요구되는 현실이다. 철학에 앞서며 더 근원적인 실재를 구성하는 것으로서, 세계 내에 존재한다는 현존을 설명해야 할 필요가 있다. 따라서 나는 그것의 본질을 이해해야 한다. 사유하는 과정에서 나는 나의 모든 생각이 유래하는, 결코 도달할 수 없는 관념적인 지점에까지 거슬러 올라가기는커녕 사유 이전에 **내가 세상 속에 존재한다**는 반박할 수 없는 사실이 드러나는 것을 보게 된다. 나의 모든 사유와 확신들이 근거를 두고 있는 것은 본래적인 나의 현존이며, 나의 모든 성찰 활동에 전제된 확실성이다. 그러나 나에게 있어서 이 확신의 대상은 결코 내가 도달할 수 없는 **한계점**이다. 다시 말해 나의 현존은 언제나 사유에 앞서고 사유의 근거를 제공하지만, 결코 사유는 나의 현존을 설명하기 위해 그것을 사유할 수 없다. 이것이 내가 받아들여야 하는 사실, 소여이며 바로 여기에서부터 나는 사유할 수 있다. 나는 삶 속에 머무를 수 없다. 나는 세계 안에 놓여 있으며, 삶에서부터 사유한다. 이것이 인간적인 사유의 본질적인 조건이다. 즉 인간적인 사유는 절대적이지 않고, **이전(以前) 앞에** 위치할 수 없을 때에만 사유하고 진리에 도달할 수 있다. 사유가 있기 전에, 사유에 사유 그 자체를 부여하는 소여가 있는 것이다.

1. 존재의 경험

세계 내의 존재

철학의 근거를 이와 같은 소여(所與)에 두려고 하면서 철학을 경험론에 가두는 것, 즉 **너무나 인간적인 인간** 속에 가두는 것에 반대하는 사람들이 있을 것이다. 어떻게 하면 일상의 삶에서 이미 거기에 있는 것으로의 복귀와 철학적인 회심의 준엄한 엄격성을 조정할 수 있을까? 인간을 죽게 만드는 절대 속에 인간을 정착시키는 철학들을 부정하면서, 우리는 정반대의 오류에 빠질 위험과 초월성을 망각하고 인간을 세계 속의 하나의 사물로 만들 위험이 있다. 따라서 철학의 이전(以前)을 인정한다는 사실이 어떻게 철학적인 계획을 헛되지 않게 하는지 설명해야 할 필요가 있다.

사유는 일상의 삶이 전제로 하는 것, 즉 내가 세계 속에 존재하고 그 안에서 아무것도 할 수 없다는 것을 전제로 한다. 그러나 자연적인 삶 속에서 나의 현존은 베일에 가려져 있고 눈에 띄지 않지만 그 자체로 자명하다. 세계가 '이미 거기에 있다는 것'과 내가 세계 속에 있다는 미리 주어지는 특징은 잊혀지지만, 철학은 그것을 어렴풋이나마 기억한다. 일상의 삶은 전제에 대한 망각이며, 자연적인 삶의 자연스러움을 없애는 철학적인 회심은 현존이 **이미 거기 있음**을 '상기'시킨다. 일상적인 삶은 인간의 실존을 '**자명한 것**'의 확실성 속에 정착시킨다. 철학은 무가 아닌 무엇인가가 있다는 사실 앞에서의 놀람에서 나오는 부정성을, 일상의 삶에 끌어들이면서 이 확실성을 파기한다. 오직 이러한 부정성을 받아들임으로써 인간은 자신이 세계 속에 존재하는 하나의 사물이 아니라, 자유로운 주체라는 사실을 의식하게 된다.

갑작스러운 세계의 출현

따라서 철학자가 된다는 것은 나에게 주어진 세계의 취약성과 놀랍고 예기치 못한 세계의 출현을 깨닫는 것이다. 반면에 일상의 삶에는 이러한 놀람이 없다. 매일매일의 일상적인 삶 속에서 나를 놀라게 하는 것은, 세계가 거기에 있고 내가 그 안에 속해 있다는 사실이 아니라 그 반대이다. 즉 세계가 더 이상 거기에 없으며 나에게 소홀하다는 점이다. (그리고 이러한 관점에서 죽음은 되돌아올 수 없는 엄청나게 놀라운 일이다.) 나에게 있어서 세계와 사물들은 거기 있다는 것, 즉 그 자체로 나 없이 구성되며 확실한 소여의 무게와 불명료함을 가지고 있다. 나는 전적으로 세계를 믿을 수 있고, 세계는 계속해서 존재할 것이다. 내일은 다른 날들에 뒤따라오는 또 하나의 다른 날이 될 것이고, 이 모든 일이 내가 죽을 때까지 나에게 주어질 것이다. 이처럼 세계는 **확실하고 풍부하다.** 다시 말하면 세계는 내가 필요로 할 수 있는 모든 사물들의 집합이다. 나는 세계를 초월할 필요가 없다. 매순간 세계는 내가 더 멀리 나아갈 수 있게 무엇인가를 제공하기 때문이다. 따라서 나는 세계와의 관계를 돈독히 하고 긴밀한 유대 관계를 맺는 것으로 족하다. 내가 의문을 가질 때마다 세계는 내게 해답을 제시하고, 나의 모든 계획들을 확실히 할 수 있는 시간과 장소를 제공한다. 모든 일상적인 삶의 영역이며 근대 과학에 의해 탐구·묘사·설명된 이 세계는, 나에게 온갖 유혹거리를 제시한다. 그 유혹들 중에서 첫번째 것은 세계가 점점 더 근원적이고, 아마도 완전하며 결정적일 탐구에 동참한다는 것이다. 이렇게 인간은 세계를 정복해 나가 가까운 미래에는 세계의 확고부동한 주인이 될 것이다.

일상의 삶에서 우리를 세계와 연결시키는 것은 바로 관계들이다. 세계는 우리의 손안에 놓여진 하나의 대상이고, 우리의 쾌락과 노동에 맡겨진 일종의 '에덴 동산' 이다. 세계는 우리의 삶과 인간성의 장소이다. 세계는 인간이 자신을 발견하기 위해 자리잡아야 하는 곳이다. 세계 안에서의 이러한 인간의 행동은 완전히 적극적이다. **행동한다**는 것은 세계에서 떨어져 나와 세계와 우리 사이에 얼마만큼의 거리를 확립하는 것이 아니라, 오히려 **세계와 결합**하고 모든 차원에서 탐구하며 세계에 몰두하여 그것을 자신의 고향으로 만드는 것이다.

2. 철학적인 놀람

세계의 상실

그런데 우리의 성찰이 실행시키는 첫번째 생성은, 즉 우리가 성찰하면서 세계가 **이미 거기에 있음**을 깨닫고 알게 되는 것은 객관적이고 안정적인 세계와의 분리요 세계의 상실이다.이러한 분리는 확신이 있을 때에만 결정적일 수 있다. 세계는 인간의 실존을 늘 에워싸면서도 인간의 장소이길 그만둔다. 여기에서 세계와 분리된 또는 세계와 전혀 상관없는, 순수 의식으로서의 감정을 우리에게 부여하는 내적인 경험이 문제가 되는 것은 아니다. 내적인 경험은 우리에겐 영원히 금지되어 있다. 정확하게 말하면 최초의 경험은 우리에게 주어진 현존에 대한 경험이고, 그 경험이 철학의 근거이기 때문이다. 결코 나는 세계 없이 존재하지 않으며, 세계는 언제나 이미 거기에 있다. 단지 철학적인 회심이라는 첫번째 운동을 통해서 나는 **세계 안에서 나의 관계들이란 내가 본능적으로 생각하는 것과 다르고, 세계 또한 내가 상상하는 절대와 다르다는 것**을 깨닫는다.

세계는 내 앞에 있는 하나의 사물이 아니다. 세계는 내가 그 안에서 만나는 것들 전체보다 더 본질적이다. 본질적으로 세계 속에는 언제나 나의 실존에 부여된 지평이 있다. 세계를 세계이게 하는 것, 즉 세계의 '세속성'이 무엇인지 알기 위해서는 그것을 구성하는 것들을 종합하는 것으로는 부족하다. 무상의 출현, 즉 **언제나 이미 거기에 있는 것**으로 거슬러 올라가야 하고, 그 세계의 출현에 놀라야 한다. 이 놀람은 세계 속의 사물들 앞에서가 아니라, **무(無)가 아닌 세계가 있다는 사실 앞에서**의 놀람이다. 모든 원인에 항상 전제되어 있기 때문에 설명할 수 없는 출현, 즉 세계 앞에서의 놀람은 내가 세계를 보는 방식은 물론이고 의식을 이해하는 방식 또한 근본적으로 바꾼다.

근원적인 물음

경험적이고 자연적인 일상의 삶에서, 세계 속의 나의 행동과 세계의 확실성은 의식을 오직 **세계 속에 있는 하나의 사물로** 이해하는 것을 가능하게 한다. 예를 들면 의식은 병 속의 포도주와 같이 다른 것에 담겨 있는 하나의 사물로서 세계 속에 있다. 세계와 의식 사이에는 아무런 구성적 차이는 없다. 그것들은 동일한 천에서 잘려 나온 것들과 같이 동일한 내구성과 밀도를 갖고 있다. 세계 앞에서의 놀람은 사물들이나 세계의 위상과는 근본적으로 다른 의식의 위상을 깨닫게 한다. 세계가 이미 거기에 있다는 점을 고려하는 존재는, 세계의 근거에 대해 질문을 던지기 위해 그 전체를 총괄할 수 있는 존재일 수밖에 없다. 의식은 세계에 대한 근원적인 질문의 능력이다. 따라서 의식은 하나의 사물이 다른 하나의 사물 안에 있는 것과 같지 않고, **질문을 받는 것 안에 질문하는 것이 있는 것과 같다.** 의식은 사물들의 무게 속에 간격과 틈을 도입하는 것이다. 또한 의식은 세계라는 문장에 의미를 부여하고 각각의 단어에, 그리고 모든 단어들을 문제시하는 의문 부호이다.

따라서 **이전**으로 회귀하는 운동에서 의식은 세계를 빠져나가지 않고 세계를 재정복한다. 의식은 스스로를 **세계에 대한 의문사로** 파악하기 때문이다. 의식은 세계를 넘어선다. 그러나 오직 세계 안에 있을 때에만 그럴 수 있다. '의식은 세계에 대해 의문을 가질 때에만 세계를 넘어설 수 있기 때문' 이다. 이렇게 질문을 시작하는 것은 사물로서가 아니라 문제시하는 능력으로서, 세계 속에 있는 한 존재가 **자유에 도달**하는 것이다. 이것이 바로 다른 존재 방식으로 환원이 불가능한, 인간에게 맞는 본래적인 존재 방식을 폭로하는 것이다.

초월성과 매개

세계 내의 의식이라는 새로운 양상 안에서의 인간과 자유의 도래는 부정성과 매개를 거치는 하나의 이행 과정이다. 사유하려고 하는 사유는 자신의 가능성의 근거로서, '세계 속에 인간을 존재하게 한다'는 사실과 연결된다. 그래서 **인간이라는 것은 세계에 대한 질문이라는 것을 의미한다.** 따라서 사유는 질문하는 사유일 수밖에 없다는 결론이 나온다. 결과적으로 인간은 자기의 장소, 고향이 될 수 없는 것 안에서만 존재할 수 있으며, 그 안에서 사물이 아니라 인간으로서 존재하길 원한다면 자신이 존재하는 곳을 끊임없이 의문시해야 하고, 항상 그 안에 있으면서 그것을 넘어서야 한다는 말이 된다. 이렇듯 인간의 본질은 **초월성**이 되는 것이다. 결국 인간의 본질을 폭로하는 것이 철학적인 과업의 핵심이다.

이 초월성이라는 표현은 인간이 절대라는 것을 의미하는 게 아니다. 인간은 세계에 대하여 초월성이 아니다. 세계를 넘어서야 도달할 수 있는 세계 밖의 장소에 자리잡고 있기 때문이다. '초월성'이라는 용어는 인간이 세계를 초월하는 운동을 표현하는 것이 아니라 운동 그 자체를 지칭한다. **인간은 세계를 초월하는 행위에 의해 규정되며, 그 행위는 결코 끝나지 않고 완성된 실재로 감지될 수 없다.** 따라서 인간은 끝없이 자신의 본질을 제시하는 실존적인 운동이며, 인간은 "실존이 본질에 앞선다"라고 사르트르처럼 말할 수 있다.

부정성과 매개라는 용어는 이와 같이 정의된 초월성과 관련 있다. 엄밀해 말해 매개는 도로가 도시로 향하는 것과 같이 어디론가 향해 가는 과정(직접적인 것이라고 불릴 수 있는, 매개가 완성될 때에만 주어지는 어떤 것을 향하는)이다. 그리고 만약 인간이라는

것이 인간 본질의 완전한 실현으로 향해 가는 과정이라면, 인간
은 자신의 실존적인 여정에 있지만 어떤 면에서는 여전히 '부재
한다'고 말할 수 있다. 인간은 그의 현재(와 과거)에 의해 규정되
지만, 미래나 완성으로 더 잘 규정될 수 있다. **이처럼 모든 인간
은 미완성된 어떤 양상 위에 존재한다.**

부정성

자기 고유의 존재로 향하는 매개라는 이와 같은 존재 양상은,
여기서 내가 **부정성**이라고 부르는 것이다. 내가 지향하는 실현된,
그리고 완전한 인간성은 나의 본질적인 존재 안에서 나를 규정한
다. 본질적인 존재와 비교하여 현재의 나는 매개물에 불과하며,
내게 속한 물건들을 소유하는 것처럼 소유한다는 의미에서 보면
현실적으로 나는 인간성을 소유하고 있지 않다. 그러나 어떤 면
에서 그것은 나에게 주어진다고 할 수 있다. 왜냐하면 **나는 인간
이기 때문이며**, 그것이 나라는 매개에 또 어디론가 '향해 가는 과
정'인 나의 목표에 의미를 부여하기 때문이다. 나의 인간적인 본
질은 하나의 지평이다. 나의 지평은 나의 삶이 세상에서의 실존
속에서 그려 나가고 있는 풍경의 지평이다. 본래 지평은 언제나
저 위에 있고 결코 도달할 수 없는 곳이지만, 우리가 언제나 향하
는 곳이기도 하다.

이와 같은 사항들을 고려하면, 철학은 인본주의적인 생각을 내
포한다고 말할 수 있다. 철학은 인간에 대한 발견에서 시작되기
때문이다. 그러나 인간을 하나의 사물로, 또는 하나의 완전한 단
계로 이해해서는 안 된다. **또한 인간의 가치를 떨어뜨리거나 너**

무나 인간적인 상태로 전락시키고 싶지 않다면, 철학은 인간을 절
대적인 가치로 설정해서도 안 된다. 인간은 매개나 부정성으로 설
정되는 한에서만 인간이다. 니체는 "인간은 매개일 뿐 목표가 아
니다"라고 말했다. 우리의 발 밑에서 계속해서 꺼져 들어가고 있
음에도 어쩔 수 없이 그 위로 걸어가야 하는 지면과 같이 인본주
의는 자신을 초월할 때에만 정립될 수 있다.

3. 인간의 유한성의 의미

인간의 사유 가능성을 정당화하는 것은 인간이란 절대적인 존
재가 아니라 유한한 존재이며, 자기 스스로를 소유하지 않고 끊
임없이 자신을 초월한다는 점이다. 이러한 결론은 보통 우리가
사유한다라고 부르는 활동에 대해 가지고 있는 생각과는 다른 것
같다. 일반적으로 우리는 사유한다, 특히 진리에 따라 사유한다는
것을 절대 안에서 사유하고 절대, 즉 무한에 도달하는 것이라고
생각한다. 그러나 사유한다는 것은 언제나 유한성 안에 있으면서
그 안에서 사유하는 것이다.

철학자가 된다는 것은 다른 세계 안에 자리잡기 위해 '여기에
서 달아나는' 것이 아니다. 그것은 간단한 말이지만 그 뜻은 어려
운 인간의 실존, 즉 여기 이 세계 안에서 자유에 도달하는 것이
다. 철학은 신세계가 아니라 일상적인 세계의 새로운 의미를 드
러낸다. 따라서 철학은 직접적인 것을 완전히 파악할 수 있게 하
는 게 아니라, 철학이 매개와 부정성의 방식으로 체험될 때 실존
은 인간적일 수밖에 없다는 사실을 가르쳐 준다.

독단론의 거부

이러한 방식을 통해 근본적으로 새롭고 다른 진리와의 관계 양상이 창출된다. 우선 철학은 모든 독단론, 다시 말해 마치 정복한 영토처럼 진리를 소유하고 그 안에 자리를 잡으려는 모든 의도를 거부한다. 그러나 이러한 거부가 결코 진리에 도달할 수 없을 거라고 낙담하는 회의론을 의미하는 것은 아니다. 독단론과 회의론은 진리를 마치 하나의 사물인 것처럼 생각한다는 점에서 공통점이 있다. 두 이론에서 그 사물은 완전히 인간의 지배하에 있거나, 또는 인간의 이해력을 완전히 넘어서는 것이다. 그러나 만약 인간과 사유가 매개와 부정성이라면, 나는 진리와 아무런 관계가 없을 것이다. 진리가 언제나 나의 인식 위에 있고, 나는 언제나 진리를 추구한다고 해도 말이다. **진리를 소유한다는 것은 진리를 귀한 보물과 같이 수중에 쥐고 있는 것이 아니다. 그것은 자신을 매개로 이해하고 설정하며, 세계와 자신을 넘어서는 곳에 진리라는 지평을 드러내면서 인간적으로 사는 것이다.**

우리는 하나의 물체를 찾듯이, 또는 해변의 모래밭에서 천연 금괴를 찾듯이 진리를 추구하지는 않는다. 진리를 추구한다는 것은 오직 내가 인간적으로 살려고 노력할 때에만, 허위적인 직접적인 것과 절대들에서 깨어나도록 노력할 때에만 나를 위한 진리가 있다는 점을 깨닫는 것이다. 진리를 소유하는 것은 문제의 끝에 해답을 얻는 것처럼 진리의 추구 끝에 따라오는 것이 아니다. 진리는 진리 추구의 노력이 태만해지는 것을 금하면서, 부재의 존재 방식으로 진리를 추구하는 매순간에 존재한다. 전적으로 본질

적이고 중요하기만 한 것들 또는 단순히 부차적이기만 한 것들이
란 없듯이, 전적으로 절대적이고 최종적인 진리들 또는 전적으로
상대적이고 일시적인 진리들은 없다. 나는 매순간 상대적인 것과
함께 절대적인 것을 만들어 낸다. 그러나 나는 결코 절대적인 것
안에 있지 않으며, 진리의 존재는 내가 도달할 수 없는 지평의 존
재를 의미할 뿐이다. 내가 진리를 소유한다는 것은 그것을 추구
한다는 것이며, 나는 진리를 추구하는 동안에만 그것을 소유한다.

반성과 행동

이처럼 우리는 반성과 행동 사이의 부자연스러운 대립을 극복
할 수 있다. 초월성 안에 거하는 철학은 시간이 지남에 따라 무의
미해지고 침식되는 행동에 대한 멸시일 뿐이다. 오로지 진리에 대
한 명상만을 고려한다면, 행동은 이성에서 벗어나는 막연한 손실
일 뿐이다. 반면에 유한성 안에 철학이 있다면, 다시 말해 사유가
나를 이 세계에서 벗어나게 하는 대신 인간적으로 살기를 요구한
다면, 모든 반성은 실천이 되고 모든 실천은 반성을 요구하게 된
다. 진리로의 접근은 자신에 대하여 나의 태도를 정하라고 자극
하며 명령적으로 요구하는 이 세계 속의 나의 실존에 의해 제약
을 받는다. 이처럼 그 시초부터 나의 사유는 타인, 역사, 물리적
세계와의 관계들이라는 짐으로 꽉 차 있다. 사유하기를 멈추지
않는 한 나는 그 짐에서 벗어날 수 없다. 따라서 사유는 완전하고
초월적인 단순한 명상일 수 없고, 세계의 불명료함으로 가득 차
있다. 또한 행동은 허망하고 이유 없는 놀이가 될 수 없다. 행동
은 세계에 대한 나의 사색적인 입장을 표명하는 중요한 부분인
반성의 다른 한 면이다.

이처럼 철학으로 가는 것은, 인간과 세계의 지평인 진리를 상기하면서 자유에 입문하는 것으로서 인간을 밝히는 일이다. 잊혀졌지만 언제나 사전에 이미 거기에 주어진 것을 되찾는 일이기 때문에 그것은 겸손한 임무이다. 또한 인간이 전에 세계와 분리되지 않았어야만 자신을 발견할 수 있다는 점을 고려하면, 그것은 대단히 힘겨운 과업이다.

7

숙고된 것과 비숙고된 것

철학은 바로 인간 속에서 자신의 출발점을 찾고, 그 안에서 유지된다. 그리고 철학은 **사유하는 인간은** 절대적인 진리의 변하지 않고 비인격적인 영원 속에 존재하는 시간을 초월한 **관념적인 존재가 아니라는 것을** 밝혀 준다. 철학은 오직 일상의 인간과 일상의 세계에 대해서만 말한다. **철학은 인본주의이다.** 인간이 철학의 절대적이고 궁극적인 가치라는 뜻에서가 아니라 **모든 진리는 인간을 거친다는** 의미에서이다.

이제 우리는 인간적인 사유에 허용된 영역은 무엇인지, 인간 속에서 반성이 차지하고 있는 자리는 무엇인지 파악해야 한다. 이와 같은 물음들에 답하기 위해서는 철학의 문제와 철학과 철학이 아닌 것과의 관계를 재검토해야 할 것이다.

1. 철학의 전제

철학이 있기 전에 '언제나 미리 주어지는' 어떤 것이 있다. 이 명제를 재검토하여 철학의 위상을 그 안에서 발견해야 한다.

사유의 전제

사유는 다음과 같은 것을 **전제로 한다**. 즉 사유의 방식은 그 자체로 확실하지만 자신이 부여한 것이 아닌 주어진 근거, 토양을 기반으로 한다. 이 전제는 사유를 불확실하게 만드는 대신, 사유 스스로 사라지지 않는 한 거부할 수 없는 깊이를 열어 준다. 이러한 전제의 본래적인 특징을 강조해야 할 필요가 있다.

누가 "내일 뭘 할 겁니까?"라고 물을 때, 나는 "산보하러 야외로 나갈 겁니다"라고 대답한다. 여기서 나의 대답은 단정적이지만, 굳이 표현하자면 부분적으로는 불확실하다. 예를 들면 날씨가 좋고, 계획한 일이 잘 진척되며, 아프거나 피곤하지 않을 거라는 등의 몇 가지 조건들이 충족되면, 나는 산보하러 갈 것이다. 나는 산보하러 갈 거라고 말할 때, 이런 여러 가지 조건들이 충족될 것을 전제한다. 그러나 현실적으로는 아무것도 확실하지 않으므로 나의 대답은 절대적인 확실성이 없다(예를 들어 2 더하기 2는 4이다라고 말할 때처럼). 따라서 내가 전제로 하고 있는 것은 나의 단언의 확실성을 깨뜨린다. 그러나 이 예문에서 전제된 것들은 나의 단언과 같은 영역에 있다는 사실을 우리는 눈치챌 수 있다. 전제들은 단언과 동일선상에 있고, 우연한 사건들에 해당한다. 그렇기 때문에 나는 미리 대비하여 모든 전제들에서 해방되고, 나의 단언에서 불확실성을 제거할 수 있다. 예를 들면 기상대에 문의하여 내일 날씨가 좋을 것이고, 나의 건강 상태가 좋고 아플 확률이 거의 없으며, 빨리 일을 진행하여 미리 끝낼 수 있을 것이라는 점을 예측할 수 있다. 이렇게 해서 나는 내일 산보하러

갈 것을 거의 확실하게 알 수 있다. 물론 나의 생각이 바뀔 경우
는 제외하고 말이다.

세계는 전제된 것이다

사유의 전제에 대해 언급할 때는 조금 전에 제시한 예와는 완
전히 다른 관점에서 설명해야 한다. 사유는 전제에서 벗어날 수
없으며, 그 전제는 사유가 결코 도달할 수 없는 지평에 언제나 미
리 제시되어 있다. 이러한 의미에서 사유는 자기 스스로 정당화할
수 없고, 전제를 두어야 하며, 사유보다 더 심오한 무엇인가가 있
다. 이 말은 사유가 알 수 없는 무엇인가가 있어서, 결국 우리의
지(知)는 상대적이며 끊임없이 의심스럽다는 것을 의미하는 게 아
니다. 회의론은 아마도 이와 같이 생각할 것이지만 말이다. 이 말
은 사유의 근거인 전제가 있고, 무엇인가가 나에게 미리 주어졌
으며, 나에게 세계가 있다는 것을 의미한다. 내가 이러한 점들에
근거를 두고 있는 한 거기에서부터 나의 진리는 존재하며, 나는
지(知)에 접근할 수 있다. 이러한 전제는 경험적인 세계의 유혹에
서 나를 끌어내어 사유와 지에 이를 수 있게 한다. 그리고 전제는
내가 나 자신에 이르도록 하며 경험적인 세계를 넘어서는 능력,
즉 사유하는 능력을 갖게 한다.

이처럼 전제된 것은 사유의 근거이기 때문에 필요 불가결하다.
그러나 바로 그렇기 때문에 전제된 것은 또한 가장 쉽게 잊혀진
다. 전제된 것은 모든 지(知)를 포함하지만, 그 자신은 지가 아니
다. 지는 자신보다 더 심오한 것을 전제로 해야 한다는 사실을 계
속해서 망각하는 경향이 있다. 그래서 사유는 훨씬 더 심오한 것

을 모호한 채로 내버려두고 관심을 두지 않는다. 사유는 사유이기 위해 자신에게 요구되는 노력을 하지 않는다. "우리가 우리를 통각하기 위한 유일한 방식은 바로 그 운동을 중지시키고, 거기에 동참하기를 거부하는(후설이 자주 말하듯 **가담하지 않고** 그것을 바라보는) 것이며, 괄호 바깥에 두는 것이다. 그것은 우리가 철저히 세계와 관계하기 때문이다. 우리가 상식과 자연적 태도의 확실성을 단념해서가 아니라, 정반대로 그것들은 철학의 탐구 주제이다. 오히려 그것들이 모든 사유에 전제되어 있는 것들로서 '당연한 것으로' 간과되어 있기 때문이고, 그것들을 소생시키고 나타나도록 하기 위해서 우리가 한순간이라도 행동을 삼가고 있어야 하기 때문이다."(메를로 퐁티, 《지각의 현상학》)[1]

전제의 망각

철학의 이전(以前)은 주어진 것이기 때문에 사유는 언제나 그것을 망각하려 하고, 그 자체로 자명하고 신중하며, 철학자에게는 아무 이득이 없는 것으로 여기려고 한다. 그렇게 되면 사유는 자신의 깊이를 잃고 경험론의 반복적인 진부함 속에 빠진다. 이 글의 관점에서 철학을 본질적인 것으로 만드는 것들을, 이상주의적이고 절대주의적인 철학들은 쓰레기 또는 공상으로 간주한다. 우리의 관점에서는 '사유가 근거로 두고 있는 가장 근원적인 것'인 '의견'을 플라톤은 **억견(doxa)**이라고 지칭한다. 이것은 세계 속의 본능적이고 숙고되지 않은 일종의 신봉이며, 비철학적인 생활을

---

1) 인용 부호 속의 본문은 한국어로 번역된 《지각의 현상학》(류의근 옮김, 문학과 지성사, 2002)에서 인용한 것임. 〔역주〕

특징짓는 최초의 믿음이다. 철학적인 지(知)는 근거로서 **"나는 나에게 언제나 미리 주어지는 세계 속에 존재한다"**는 사실, 즉 본래적이며 '지(知)가 아닌 것'에 기초를 둔다. 그리고 이 세계가 존재한다는 사실은 사유하는 능력이 출현하기 위해서 지속적으로 유지되어야 한다. 바로 이것이 초월할 수 없고 환원할 수 없는 전제이다. 나에게 세계가 있다는 사실에 대한 최초의 믿음은 그 어떤 지(知)에도 포함될 수 없다. 나는 성찰함에 있어서 이 본래적인 사실을 내 앞에 펼쳐 놓을 만큼 높이 올라갈 수 없을 것이지만, 나의 지(知)는 언제나 이 근본적인 명제를 전제로 한다. 이러한 '속견(urdoxa)' 또는 후설이 말하는 '최초의 의견,' 더 나아가 메를로퐁티가 말하는 '원시적인 믿음'은 모든 지(知)와 추론의 근거를 세계와 인간에 둔다.

현 존

그런데 모든 사유의 근거로서 최초의 믿음 안에 언제나 전제된 세계 내의 존재, 현존은 매일 내가 그 속에서 살고 있는 세계에 대해 말하고 있다는 사실을 결코 잊어서는 안 된다. 세계의 세속성을 밝힘으로써 철학에 접근하게 되는데, 이 세속성은 일상의 삶을 정당화하기도 한다. 숙고로서의 철학은 "세계가 존재한다"는 것에 대한 '비숙고'에 근거를 둔다. 사유한다는 것은 구체적인 세계에서 떨어져 나와 이데아들의 세계에 정착하는 것이 아니라, 비숙고된 것 안에 숙고된 것이 드러나게 하는 것이다. **그것은 철학이 뿌리를 내리고 있는 일상적인 삶의 상식적인 확실성 안에 있다.** 이러한 비숙고된 것에 대한 숙고로서의 철학을 경험주의적이고 대략적이며 조잡한 숙고로 생각해서는 안 된다. 또한 철학은 삶의 고유한 영역에서 일상적인 삶의 확실성을 '근거 없는 졸렬한' 대화의 진부함으로 만드는 것이 아니다. 그것은 일상적인 삶 속에서 그 확실성을 가능하게 하고, 환상과 같은 것을 폭로하는 깊이가 나타나게 하는 것이다. 일상 생활의 태도는 무한한 풍부함을 전제로 하며, 세계와 인간 속에는 철학이 발견할 수 있는 것보다 훨씬 더 많은 것들이 있다. 철학은 근거에 대해 주의를 환기하고, **삶과 사유에 인간적인 깊이를 부여하며**, 가려진 시초로 다시 올라가려는 노력을 하게 할 뿐이다. 철학은 **주어지는 존재가 '있다' 는 최초의 앎**에 대한 지(知)로 시작되면서 완전해진다. 이러한 이유로 철학적인 지(知)를 포함한 모든 지(知)는, 종합적이고 체계화된 자급 자족적인 자기 안에 갇혀 있을 수 없다. 처음부터 주어진 것은 글자 그대로 무궁무진하기 때문에 모든 지(知)를 종합하는 백과사전은 없다.

2. 절대적인 지(知)의 거부

절대적인 지(知)에 대한 현기증

이제 우리는 관념론·합리론 등의 절대의 철학들에 의해 제시된 숙고를 왜 거부해야 하는지 쉽게 이해할 수 있을 것이다. 그러한 철학들은 아무것도 전제로 두지 않으며, 철학 자체가 자신의 근거이기를 바란다. 그 철학들은 지(知) 외에는 보다 심오한 그 어떤 것도 존재하게 내버려두지 않는 '지(知)' 그 자체에 대한 철학이다. 이러한 **철학들은 최초의 믿음으로 들어오게 된 논리적인 비약 또는 접근 방법을 버리려는 경향이 있다.** 물론 절대의 철학들도 처음 형성될 때에는 이전(以前)을 전제로 한다. 그러나 그 이전 앞에 자리를 잡고 그것을 정당화하면서 이전을 축소하는 데 열중한다. 그러나 플라톤에게 있어서 의견은 철학에 앞서는 것이다. 이 말은 시간적이고 종속적인 선행성을 의미한다. 이러한 선행성은 전혀 깊이가 없고, 지(知)보다 심오하지 못하다. 지는 그러한 선행성에서 나오지 않는다. 오히려 지가 선행성을 '되찾고,' 때로는 그것을 능가하며 선행성을 보존한다. 의견은 의견이기를 그만두고 지(의 계기)가 될 때에만 가치 있다. 의견이라는 이름의 운동은 모든 진리와 가치가 결여되어 있고, 사전에 총체적인 지가 형성되어 있는 장소가 존재하며, 그 절대적인 진리의 장소는 인간에게 개방되어 있다는 것을 전제로 한다. 이 전제된 지의 장소는 내가 말하는 전제와는 아무런 관련이 없다. 그곳은 완전히 투명하며, 인간에게 개방되어 있다. 그곳은 인간이 접근할 수 있는 관념적인 대상들의 장소, 즉 **지(知)의 장소**이다. 의식은 의견의 쇠퇴를 초월하여 자기가 이해하는 존재의 단순한 빛 속에 정착하며, 절대적이고 초월적인 지의 내재성 안에서 자기 자신 속에 갇힌다. **이와 같은 철학에서는 그 어떤 불안도 남아 있을 수 없다.** 문자 그대로 무궁무진한 최초의 경험을 고려해 볼 때, 언제나 자신의 지(知)보다 높은 곳에 이끌려 있는 의식의 분열은 이러한 철학에는 완전히 생소한 일이다. 인간은 진리 안에 확고히 뿌리내리고 있으며, 뒤로 돌아가고자 하는 욕망은 의견의 모든 확신들이 상상과 비현실의 영역에 속한다는 깊은 신념에 의해 사전에 추방된다. 숙고는 마침내 비숙고된 것에 대한 숙고이기를 멈추었고, 지(知) 안에서 일종의 최종적인 자기 만족이 된다.

삶과의 단절

이와 같은 철학은 철학의 본질적인 문제들을 회피하며, 숙고는 현기증나는 절대적인 지(知) 안에서 자기 자신의 문제 제기 능력의 근원인 동시에 조건인 것에 대해 자문하기를 '망각한다.' 그 **최초의 '있는 것' 은 무의미한 것으로 전락**하며, 단지 비철학자에 의해서만 그것은 체험되고 진지하게 받아들여진다. 따라서 철학자는 비철학자와의 모든 만남을 거부한다. 알고 있는 그, 즉 '다른 세계' 의 인간인 철학자와 '현 세계' 의 인간인 비철학자 사이에는 폭력과 죽음의 관계만이 있을 뿐이다. 이들은 서로 **상대를 넘어서야만** 이길 수 있으며, 결코 **함께** 승리할 수 없다. 이렇게 상대의 죽음을 바라는 대립은 철학자 내부에서도 일어난다. 철학자는 절대의 철학자일 뿐만이 아니라, 철학자이면서 또한 자신의 철학으로는 설명이 불가능한 자연적이고 일상적인 삶을 살기 때문이다. 그래서 철학자가 자신의 삶에 대해 사유하지 않으면, 사유는 그의 삶을 위태롭게 하고 삶도 그의 사유를 방해한다. 절대적인 확실성 속에 거하는 철학자의 지(知)는 비철학적인 타인과의 관계를 설명할 수 없으며, 일상 생활의 보잘것없는 평범함을 설명할 수 없다.

3. 사유와 삶의 대화

무의미한 대립의 지양(止揚)

여기에 소개하는 철학에 대한 견해는 삶과 철학 사이의 긴장 또는 비철학자와 철학자 간의 긴장을 없애려고 하는 것이 아니라, 사유와 삶 사이의 문제를 해결하려고 한다. 그리고 이러한 긴장 관계는 확실히 타협이 불가능한 것이기도 하다. 따라서 그것을 인간 존재의 유한성을 나타내는 것으로 받아들이고 이해하며, 그것에 의미를 부여해야 한다. **사유와 삶은 동질적이지도 서로에게 명료하지도 않지만 풍부한 대화의 항**, 더 나아가 변증법의 항이다. 삶이 없는 사유는 공허한 사유이며, 철학은 비철학과 함께 있어야, 그리고 비철학으로부터 의미를 갖는다. 따라서 이 둘의 대화 또는 변증법이 의미하는 것을 곡해하지 말고 제대로 이해해야 할 필요가 있다.

만약에 사유와 삶이, 철학자와 비철학자가 서로 만나지 않는다면, 그것은 양자가 본능적으로 스스로를 절대적인 것, 따라서 유일의 가치를 지니는 것으로 자처하고 스스로를 정의하기 때문이다. 철학자에게 있어서 숙고되지 않은 삶은 전혀 진리치가 없으며, 비철학자에게 있어서 사유(물론 철학적인)는 공허한 추상적인 관념이요 의미 없는 잡담일 뿐이다. 그래서 삶은 모든 숙고를 배제한 순수 자발성으로서 주어진다. 그리고 사유는 자신 외에는 아무것도 존속하게 내버려두지 않고, 자신 이전의 무의미한 것 말고는 아무것도 없는 닫힌 총체성으로 주어진다. 이렇게 사람들은 모든 것 또는 무(無)의 원리를 실행한다. 다시 말하면 전적으로 진리 안에 또는 전적으로 오류 안에 있으며, 비철학에서 철학으로의 이행인 철학적인 회심은 철저한 단절로 여겨진다. 사유에의 접근 이후로 철학 이전의 삶을 구성하는 것은 아무것도 존속하지 않는다. 그런데 **사유와 지(知)는 우리가 언급한 최초의 믿음과 떨어질 수 없다는 점을 철학자는 인정해야 한다.** "하늘과 땅 위에는 철학 전체에 있는 것보다 더 많은 것들이 있고," 철학이 말할 수 있는 것보다 더 많은 진리가 있으며, 세계 안에 존재한다는 사실은 너무나 풍부하고 심오해서 체계적인 지식 속에 분명하게 펼쳐질 수 없다. 철학은 끊임없이 자기 자신보다 더 심오한 것, 즉 일상의 삶이라는 근거에 의거해야 한다. 따라서 사유는 일상의 삶이 펼쳐지고 있는 **지평을 언제나 가지고 있다. 그 지평은 세계 안에 존재한다는 현존이다.** 세계가 존재하며, 세계는 모든 숙고 이전에 그리고 모든 삶을 위해 인간에게 언제나 주어진다. 이것이 바로 철학의 토대가 되는 지평이다.

삶은 철학의 지평이다

최초의 믿음은 진리 없는 한낱 의견에 불과한 것이 아니다. 이 믿음은 지(知)의 근거이며, 철학자와 비철학자의 만남을 가능하게 하는 최초의 공간이다. 이들의 만남은 끝없는 대화이다. 비철학자가 살아가기를 결코 멈추지 않을 것과 마찬가지로 **사유는 삶의 풍요로움과 결코 관계를 끊지 않을 것이기 때문이다.** 진리는 언제나 우리의 인식 능력을 넘어서고, 언제나 우리가 말할 수 있는 것 너머에 있으며, 언제나 비철학자와 철학자를 한없이 앞지른다. 진리가 이 **양자 모두**를 추월하기 때문에 이들은 서로 만나고 대화하며, 어느 한쪽도 다른 한쪽을 다스릴 만한 절대적인 진리를 갖고 있지 않다. 아마 이러한 이유로 철학은 자신이 사랑의 명상 안에서 완성될 수 있다고 흔히 믿었을 것이다. 실제로 철학은 진리 추구의 끝없는 임무에 직면하여 진리에 대한 결정적인 비전, 즉 더 이상 논증적인 언어의 근사치들이 필요치 않고 하나의 기원이 될 결정적인 만남을 열망한다. 모든 철학자는 직접성에의 욕망을 일종의 상흔처럼 느낀다.

그러나 삶과 마찬가지로 철학도 이 지속적인 황홀경 속에 거할 수는 없다. 진리는 하나의 사물처럼 여기 또는 저기에 있는 것이 아니다. 진리는 끝없이 추구되며, **언제나 부재하기 때문에 도처에 존재한다.** 따라서 최종적으로 이기는 것은 아무것도 없고, 최종적으로 지는 것도 없다. 경험된 것은 한편으로는 사유된 것이기도 하지만, 그래도 그것은 다른 것이다. 내가 나의 삶에 대해 생각한다고 할 때, 생각한다고 해서 내가 사는 것을 그만두는 것은 아니다. 단지 **다르게 사는 것이다.** 이렇게 철학자와 비철학자 사이의 대화는 본래 목적이 없으며, 이러한 끝없는 대화의 반복 속에서 양자간에 존재하는 긴장은 의미를 부여받게 된다. 나는 완전히 철학자는 아니지만, 결코 완전히 철학 밖에 있지도 않다. 그리고 철학자가 비철학자에게 말할 때 그의 언어는 무의미하지 않을 것이다. 그는 경험한 것에 대해 말할 것이기 때문이다. 그럼에도 불구하고 그 언어는 모호하고 난해한 채로 남게 된다. 그는 자연적인 삶을 떠나 전제된 것들을 넘어서길 권유할 것이기 때문이다. 그의 언어는 경험적인 삶의 직접적인 것에 대한 언어이기 때문에 비철학자의 지지를 얻게 된다. 그러나 그 언어는 직접적인 것으로서 경험된 것의 매개적인 특성을 드러나게 하려고 하기 때문에 의미가 분명하지는 않을 것이다.

　따라서 철학자의 위치는 불편한 것이며, 그의 과정은 순조롭지 못하다. 이성의 인간인 철학자는 그 역시도 관여된 이성의 결여 상태에 부딪히는 것을 피할 수 없으며, 그러한 상태가 존재하지 않는다고 말함으로써 그것을 모면할 수도 없다. 철학자는 바로 이성의 결여 상태에서부터 숙고하고, 그 상태 안에서 이성이 드러나게 하려고 애를 쓴다. 바로 그것이, 그리고 단지 그것만이 인간적이다. 즉 철학자는 끝없는 이성에의 호소를 통해 이성이 결여된 상태의 폭력을 추방하려고 시도하는 것이다.

8

진리의 문제

지금까지 우리는 철학자의 **주관적인** 태도만을 고려했다고 비난 받을 수 있다. **그런데 철학은 전통적으로 진리에 대한 추구로 정의된다.** 철학자의 주관적인 과정 전체인 어려운 회심은 객관적인 합목적성에 의해, 즉 진리와의 만남에 의해 방향이 정해지고 정당화된다. 철학자가 결코 진리에 이르지 못하고 그것을 소유하지 못한다고 해도, 이 진리 추구는 그 과정에 의미가 있다는 사실에는 변함이 없다. 철학자에게 있어서 객관적이고 외부적인 진리는 철학적인 탐구에 의미를 부여하여, 그것이 쓸데없는 잡담이 아닌 다른 것이 되게 한다. 여기서 우리는 비철학자와 마찬가지로 철학자도 항상 부딪히게 되는 근본적인 문제에 맞닥뜨리게 된다. 즉 이러한 진리 추구, 진리에의 '바람' 속에서 **철학자는 어떠한 표지(標識)를**, 이성을, 또는 정신을 **표방하는가?** 진리란 무엇이고, 진리의 장소는 무엇인가?

1. 진리란 무엇인가?

진리의 문제를 제기하기에 앞서 **주관적인** 요소의 중요성을 강조해야겠다. 주관적인 요소 그 자체로는 결정적이지 않더라도 말이다. 사람들은 흔히 진리 추구에는 상당한 고행과 도덕 규율이

요구된다고 말하며, 또 그것이 일반적이 되었다. 그것은 사실이기는 하지만 부차적이다. 철학은 도덕 규율의 실천과는 다른 것이며, 오직 **인간의 삶 전체의 회복**이기 때문에 윤리적인 의미를 가질 뿐이다. 18세기의 라틴계 아리스토텔레스주의자들은 도덕적인 사람이 철학자인 것이 아니라 철학자가 도덕적인 것이라고 말했다. 이러한 지적이 상류층의 도덕적인 사람들의 감정을 상하게 하고 동요시켰지만 말이다. 따라서 나는 여기서 철학자는 진정한 철학자가 되기 위해 어떠한 방식으로 살아야 한다고 요구하는 도덕적인 고행에 대해 언급하고 싶지는 않다. 그것은 더 심오하고 근본적인 어떤 것이며, 중세 시대의 철학자들이 '지성의 개선(emendatio intellectus)'이라고 불렀던 **정신과 지성의 정화**이다. 바로 그 정신의 '날을 세우기,' 즉 예리한 주의력 때문에 철학자에게 있어서 진리는 비철학자에게 있어서의 진리의 의미와 동일하지 않다. 철학적인 회심은 진리의 의미 변화를 초래하며, 따라서 철학자에게 현재 삶의 진리를 확고하게 해주기를 요구하는 것은 헛된 일이다. 철학자가 역설적이고 지지할 수 없는 진리들을 말하는 것에 힐라스가 놀라는 것도 당연하다. 그렇다면 철학자들이 말하는 진리란 무엇인가?

실재하는 것이 진리이다

'실제의'와 '진리'라는 용어에 부여되는 의미에 대해 자문해 보면, 우리는 곧 이 용어들을 다양하고 서로 환원 불가능한 의미들로 사용하고 있음을 알게 될 것이다. 우리는 실제의 단언 또는 판단들에 대해서뿐만이 아니라 실제의 느낌·신념·감정에 대해서도 말한다. 그리고 우리를 둘러싸고 있는 것들 또한 실제라고 말한다. 이렇듯 우리는 사물들의 현실에 부합하기 때문에 우리가 실제라고 언명하는 판단들을 표명하고, 이러한 현실을 정신 외부에 있는 것으로 쉽게 받아들인다. 진리란 사유보다 먼저 존재하는 현실과 현실을 표현하는 사유가 일치하는 것이다. 요컨대 진리는 **원본과 틀림없는 사본이다**. 인식하고 판단하는 정신에 대하여 그 이전에 존재하는 현실이 있으며, 사유는 그 현실을 본보기로 삼아야 하고, 확실히 현실을 가리키기 위해서는 현실과 일치해야 한다. 사유는 단어의 시각적인 의미에서 정말로 현실에 대한 '숙고'이다. 이러한 관점에서 보면 진리는 정말로 일종의 사본이다. 외부 세계는 사유가 제시할 수 없는 것으로, 오히려 사유에 필수 불가결하며 도장의 도안과 윤곽들을 복제하는 무른 밀랍과 같이 사유가 재현해야 하는 소여(所與)이다. 따라서 진리는 전적으로 현실에 종속된다.

현실 세계는 진리의 표준이다

그러나 나의 주장이 사실이라고 단언한다면, 다시 말해 나의 사유가 현실과 일치한다고 한다면 나는 먼저 현실이 어떠하다고 판단해야만 한다. 진리가 현실과 사유의 일치라는 것은 현실이 우리가 생각하는 것과 같고, 우선적으로 사유와 일치한다는 것을 전제로 한다. 여기에서 우리는 순환 논법에 빠지는 듯하다. 즉 진실이라고 생각하기 위해서는 내가 생각하는 것이 현실과 일치해야 한다. 그러나 우선 현실이 무엇인지 알아야만, 정말로 현실을 생각할 때에만 가능한 얘기이다. 우리는 두 가지 방식을 통해서만 이 순환 논법에서 빠져나올 수 있다. 현실이란 내가 생각하는 것이며, 그 현실을 만들어 내는 것은 바로 나라고 하는 것이 그 한

가지이다. 그러면 사물은 오직 내가 품고 있는 생각과 일치하기 때문에 사실이 된다. 그러나 이렇게 되면 모든 것이 진실이며, 우리는 더 이상 오류를 설명할 수 없게 된다. 두번째 방식은 내가 생각하는 것은 나의 외부적인 현실과 일치하기 때문에 진실이며, 나는 이 사물의 외부적인 진리에 종속된다. 이러한 관점에서는 사물의 외부적인 진리는 나의 사유가 아닌 다른 사유, 즉 오직 신의 창조적인 사유일 수밖에 없는 사유에 근거를 둔다는 점을 인정해야 한다. 그럴 경우 '진리 안에서' 사유한다는 것은, 외부 세계의 현실과 합류하고 세계를 창조한 신의 사유 활동에 참여하는 일이다.

세계 창조적이고 자족적인 사유 안에 관념적으로 틀어박히기를 거부하면, 견고한 토양에 이를 수 있을 것 같다. 진정으로 나는 진정한 신에 의해 존재하게 되는 현실이 진리라고 생각한다. 또한 《성찰》에서 사유라는 실재에 의거해서 개별적인 존재를 추론해 내는 데카르트의 사유 활동을 발견할 수 있다. 그는 사유의 개념 탐구를 통해서 사유에 주어지는 세계라는 현실을 창조하는, 완벽하고 진정한 신의 존재를 주장하기에 이른다. 이렇게 해서 공상과 착각의 고리는 끊어지고, 사유는 진리를 합리적인 방법으로 열망하며 철학하기를 시작할 수 있다.

2. 칸트의 비판

대상을 구성하는 것은 주체이다

그렇지만 상황은 우리가 생각할 수 있는 것만큼 확실하지 않을 수 있다. 실제로 여기서 문제가 되는 것은 정신을 특징짓는 수동성이다. 즉 정신은 현실을 '모사하기만' 한다. 현실은 문제를 야기하며, 우리의 경험 모두와 일치하지는 않는다. 경험은 자아 밖의 상황들에 대해 생각할 때는 사실일 수 있지만, 수학적인 대상들의 경우에서는 더 이상 사실이 아닐 수 있다. 수학적인 대상들은 전적으로 정신으로만 구성된 대상들이며, 그 어떤 외부 현실을 참고로 하지 않는다. 단지 나의 사유만을 참조한다. 칸트는 바로 이러한 평범한 사실에서 출발하여 철학에서의 코페르니쿠스적인 혁신을 감행하려고 했다. **수학적인 대상은 외부 여건이 아니며, 정신에 대하여 초월적이고 언제나 구성되는 대상이다.** 따라서 그것은 신의 존재를 인정하고, 내가 소유할 수 있는 인식에 독립적인 대상으로서 존재하는 것이 아니다. **오직 인식의 객체인 한에서만 하나의 대상이 될 수 있다.** 따라서 수학적인 대상은 이제 이미 존재하는 대상의 현실을 따라야 하는 인식하는 정신이 아니다. 오히려 대상으로서 존재하기 위해 정신의 규범들을 따라야 하는 객체이다. 결국 대상은 주체에 의해서만 존재하며, "우리는 오직 우리가 대상 안에 주입한 것만을 그 안에서 발견한다"고 칸트는 결론짓는다.

실재론의 오류

이와 같은 결론은 실재론의 오류를 결정적으로 일소하기 때문에 매우 중요하다. 앞서 기술한 실재론은 분석에서 그리 멀리 나아가지 못한다. 실재론은 사유의 본질에 대한 근거를 나와는 무관하며, 신의 진리에 토대를 두고 있는 외부 세계의 현실 위에 두려고 한다. 그러나 수학적인 대상들의 예는 정신이 정신 밖이나 신 안에서가 아니라, 정신 그 자체 안에서 대상들을 제시하는 능력을 발견할 수 있다는 점을 보여 준다. **실재론의 의식은 물질들을 신 안에 흡수시킨 다음에 자신이 그 물질들 속에 흡수된다.** 이것은 실재론의 의식이 스스로를 자각하지 못하고, 의식 스스로 대상을 제시할 수 있는 자신의 능력을 모르기 때문이다. 신이란 바로 이러한 무지의 이름이다.

결국 우리는 원점으로 되돌아왔다. 처음에 우리는 '진리'라는 용어의 용법을 살펴보면서, 진리를 사유와 현실의 일치로 규정할 수 있다고 생각했다. 그러나 이 일치는 정신과 독립적인 위치에 있는 현실, 나의 판단에 대하여 평가하는 현실, 신의 사유에 의해 평가되는 현실을 필연적으로 요구하게 된다. **진리에 대한 이와 같은 정의는 우리를 더 멀리 나아가도록 요구하는 데 반해** 실재론은 관념론에 자리를 내어준다. 현실은 전적으로 정신 쪽으로 향해 가며, 외부 세계는 사유로 변한다. "존재한다는 것은 지각되는 것이다(Esse est percipi)"라고 버클리가 말했듯이. "존재한다는 것은 지각되고 사유되는 것이다."

3. 실재론과 관념론 극복하기

언뜻 보기에 양립할 수 없어 보이는 두 이론, 즉 하나는 나 없이도 세계는 존재한다고, 다른 하나는 내 사유의 산물이 세계라고 주장하는 태도들이 연속적으로 등장하는 것은 역설적이다. 그러나 두 학설은 모두 일치라는 동일한 진리에 대한 이해에 기초를 두고 있다는 점을 깨닫는다면, 이 모순되는 현상을 충분히 이해할 수 있을 것이다. **두 학설은** 진리를 표현하는 주체에서부터 대상을 거쳐, 대상의 진리를 제시하는 주체에까지 이르는 **동일한 도식을 취한다.** 그러나 실재론은 이 도식을 선적인 운동으로, 즉 대상의 진리를 제시하는 주체(신)에 따라서가 아니라 진리의 표현적인 주체(인간)에 따라 발전시킨다. 반면에 관념론은 이 두 주체를 동일시하는 원형의 도식을 생각한다.

사실상 실재론과 관념론을 대립시키는 것이 두 학설을 가깝게 한다. 역사적으로 관념론은 자신의 기원을 잊고자 하는 불명예스러운 실재론이다. 실재론은 단지 세계가 이미 주어졌다는 사실을 망각했기 때문에 세계를 건설하려고 했던 것이다.

이제 우리의 문제로 돌아가 실재론과 관념론의 넘을 수 없는 모순을 극복하기 위해서 이 두 학설의 양립이 가능한 이전 시기, 다시 말해 두 학설 모두 진리를 일치로 규정하던 때로 돌아가야 할 것 같다. 결국 처음으로 돌아가 다른 출발점을 찾아 사유로부터 이 두 학설의 모순점들을 극복할 수 있도록 해야 한다.

9

존재의 경험

지금까지 숙고한 결과 문제가 잘못 제기되었음을, 아니 우리가 문제를 잘못 제기하였고 깊이 있게 질문하지 않았음을 알게 되었다. 우리는 일치로서의 진리의 정의를 자명한 것으로 받아들였다. 진리에 대한 이러한 정의는 아마도 일상적인 삶의 요구는 충족시키겠지만, 그 삶을 이해할 수 있는 것으로 만들기에는 확실히 불충분한 것 같다.

1. 세계에 대한 최초의 경험

세계는 사물들의 집합이 아니다

따라서 사유와 현실의 일치에 대한 경험보다 더 근본적이고 본래적인 경험으로 거슬러 올라가야 한다. 그 경험은 내가 존재한다는 것과, 나의 실존과 관계없이 나의 실존의 장소이자 지평으로서 나에게 주어진 세계가 있다는 것이다. 그런데 문제는 우리가 이 세계를 생각하는 방식에 있다. 관념론과 마찬가지로 실재론에서도 세계를 수많은 '대상들의 모임,' 즉 우리들과 분리되어 있고 우리가 다음에 증명할 그 자체 안에 놓여진 '사물들'의 모임으로 생각하는 경향이 있다. 그 사물들을 제시한 것은 바로 우리들이라고 하면서(관념론), 또는 그 사물들은 신에 의해 그것들 안에 제시되었기 때문에 우리에게 강한 인상을 준다고 하면서(실재론) 말이다. 그런데 세계와 세계의 사물들은 증명되어야 할 것들이 아니다. 세계의 사물들은 의심의 여지가 없고 명백하다. 그러나 그것들은 주체 앞의 대상들처럼 우리와 분리되어, 우리 앞에 있는 것이 아니다. 그것들은 순수한 의미에서 **현상들**이다. 다시 말하면 스스로를 나타내는 것은 스스로를 밝히는 것이다. 우리는 어떻게 세계에 대한 인식이 가능한지 자문할 수 없다. 그와 같은 질문은 단지 우리가 직접적인 경험을 포기할 때, 우리의 현존을 망각할 때, 세계는 우리의 육체라는 사실과 마치 세계를 우리가 대면하고 있는 또 다른 것인 양한다는 사실을 망각할 때 던져질 수 있다. 따라서 우리는 세계 자체의 존재 양상이 아니라, 우리에게 주어진 어떤 존재 양상을 세계에 강요한다.

세계를 존재하게 내버려두기

세계에 대한 최초의 경험을 되찾고, 사물들과 세계가 있는 그대로 존재하도록 놔두어야 한다. 그리고 세계와 사물들로부터 우리를 분리하는 대신, 우리를 서로 연결하는 암묵적인 유대 관계를 깨닫도록 노력해야 한다. 이러한 관점에서 철학적인 인식은 사물에서 분리되어 인식된 사물과의 관계, 우리가 주인이 되는 관계를 맺는 것이 아니다. 인식한다는 것은 언제나 있어 왔던 동류성을, 그것이 눈에 띄지 않을 때에도 어렵게나마 의식하는 것이다. 인식은 먼저 **동시의-시작**(co-naissance)이 있기 때문에 존재한다. 그리고 인식한다는 것은 이 **동시에-시작하다**(co-naître), 즉 우리 안의 세계의 존재와 세계 내의 우리의 존재를 깨닫는 것이다.

2. 도구로서의 세계

세계에 대한 공리주의적인 견해

최초의 경험에서부터 출발하여 하나의 사물이 존재한다고 단언할 때 내가 언급하는 것에 대해 자문해 보면, '존재하다' 라는 단어로 지칭하는 것은 많든 적든 **사물들의 공리적인 특징이라는** 사실을 알아차리게 될 것이다. 그 재량권이 나에게 있는 한, 내가 마음대로 다룰 수 있는 한, 또 나의 계획들을 완성하기 위해 하나의 도구로 이용할 수 있는 한 하나의 사물은 나에게 유용하다. 나는 이러한 태도를 나의 계획들을 위한 공간이고, 나의 능력을 펼칠 수 있는 영역으로 정의되는 세계 전체로 확대한다. 우리가 경험적인 세계에 대해 가지고 있는 확실성은, 일상 생활에서 우리 마음대로 부리는 대상들에 대해 갖고 있는 확실성이다. 나는 펜을 책상 위에 놓을 때마다 잠시 후 그것이 필요할 때 되찾을 수 있다는 것을 알 것이다. 그러나 나는 그렇게 하면서 세계와 사물들의 진짜 의미를 놓친다.

'시적' 인 만남의 망각

만약 세계에 어떤 역할과 가면을 강요하는 대신에 그것이 존재하는 그대로 존재하게 내버려둔다면, 나는 세계에 대한 나의 최초의 경험을 망각하고 세계의 것일지도 모르는 익숙한 얼굴을 더 이상 알아보지 못할 것이다. 나는 세계와의 최초의 만남의 '시적' 인 성격을 망각하고, 사업적인 관계 외에는 세계와 관계를 유지하지 못할 것이다. 따라서 관념론이 이 세계, 실용적인 세계는 자아 밖의 세계가 아니라 **내가 창조한 세계**, 즉 나의 세계라는 점을 증명하는 데 유리하다. 세계는 의식의 산물일 뿐이다. 관념론은 세계란 단지 **의식의 대상**으로서만 존재할 뿐이라고 하면서 실재론에 종지부를 찍는다.

3. 세계의 진실

존재의 의미 되찾기

일치로서의 진리는 진리의 본질적인 근거를 고려하지 않는다. 그래서 언제나 우선적으로 세계에 대한 최초의 경험 속에서 우리에게 나타나는 그대로 존재의 의미를 되찾도록 노력해야 한다. 따라서 이제는 일치가 아니라 **초월성에 대한 인정**이 문제가 된다. 그 자체로서의 존재를 내가 만들어 내는 존재의 개념과 비교해서는 안 될 것이다. **존재 그대로 존재하게 놔두어야 하고**, 그것의 현현(顯現)을 받아들이며 그것을 드러내야 한다. 다시 말하면 내가 그 존재에 입힌 선입관들을 단번에 벗겨 내야 한다. 내가 철학적인 회심을 시작하면서 호소했던 것은 이러한 존재의 진실을 맞이하는 준비인데, 이러한 준비를 통해 우리는 존재가 나타나고 모습을 드러내는 본원적인 경험으로 갈 수 있다.

진리는 존재를 향한 부르짖음

파르메니데스 현재 남아 있는 텍스트의 일부분에서 존재와 진리의 관계를 철학의 골칫거리라고 토로한다. 예를 들면 여신이 파르메니데스에게 말한다. "당신은 모든 것, 즉 완전 구형의 진리의 평온한 중심과 소멸하는 인간들의 의견을 인식하는 법을 배워야 합니다. 인간들의 의견에는 진실한 확신은 없지만, 당신은 포괄적인 조사를 통해 그 의견에 대한 실제 대상들에 어떠한 판단을 내려야 하는지 알기 위해 그 의견들 또한 인식해야 합니다. 당신의 사유를 그러한 탐구의 길에서 벗어나게 하고, 당신이 장님과 귀머거리의 길로 눈길을 던질 수밖에 없게 만드는 다양한 경험들에 의존하지 마십시오. 이제 당신의 용기를 발휘할 단 하나의 길만 남아 있습니다." '완전 구형의 진리'는 존재자가 있다는 것이고, 그 어떤 진실한 믿음도 허용하지 않는 인간들의 의견은 다양한 것에, 즉 존재하는 **사물들의 변화**에 집착하는 의견이다. 파르메니데스는 다른 부분에서 다음과 같이 덧붙인다. 존재하는 것은 존재한다고 말하고 생각해야 한다. 내 방식대로 해석한다면, 이 문장은 내가 진리에 도달하길 원한다면 나는 내 앞에 존재하는 모든 것들(존재자들)을 존재하게 내버려두어야 하고, 그것들이 존재한다는 사실에 주의해야 한다는 것을 의미한다. **진리는 존재를 향한 부르짖음이다.** 그러나 일상 생활의 직접적인 세계 속의 모든 것은 존재와 비존재의 생성·변화·연속·혼합이다. 착각을 일으키는 이러한 가상들을 깨뜨려야 하고, 단지 존재만이 존재하고 오직 그것만이 실제로 실재하는 현실이며 진리를 가능하게 하는 유일한 것이라는 점을 밝혀야 한다.

존재의 무한한 지평

그러나 혼동하지 말아야 할 것은, 철학이란 세계와 사물들을 초

월하는 존재에 대한 공허한 명상 속에 거하는 것이 아니라는 점
이다. 철학은 이 세계에서 달아나 순간적이고 허망한 것들을 잊
는 것도 아니다. 사유는 절대적인 존재와 결코 대면할 수 없고 존
재자들, 즉 이 세계의 사물들과만 만날 수 있다. 그리고 만약 진
리가 이 세계의 존재자들의 갑작스러운 출현을 존재 안에 수용하
는 데 있다면, 철학은 존재가 존재로서 주어지는 때에 결코 설정
될 수 없다. 철학자에게 존재는 베일에 싸인 채 주어진다. 존재의
진실은 오직 그리고 언제나 **이것 또는 저것이라는 존재의 진실**을
통해 나타난다. 우리는 존재하는 존재의 진실을 결코 발견하지는
못하지만, 존재하는 존재자를 언제나 발견한다. 그리고 철학자는
존재를 발견하지는 못하지만, 언제나 존재하지 않는 것 안의 존
재(존재하지 않는 존재자)를 발견한다. 그래서 철학자에게 있어서
존재는 언제나 결코 도달할 수 없는 지평이다. 철학자의 언어는
언제나 존재하는 존재자에 대해 말하지만, 결코 직접적으로 언급
할 수 없는 존재를 대상으로 한다. **철학자에게 있어서 진리는 오
직 존재의 무한한 지평 안에서 생각할 때에만 실제로 표현할 수
있는 존재자들 또는 세계이다.**

　사물들의 진리란 우리가 기대하는 것에 사물이 일치한다는 것
이 아니라 사물들이 궁극적인 원리, 즉 절대적인 존재를 기반으
로 한다는 것이라고 말할 때, 우리는 이것이 세계에 대해 말하는
일반적이고 흔한 방법은 아니라는 것에 동의할 것이다. 인간의
추론과 세계의 인식에 대한 진리는, 우리가 그것들에 대해 가지고
있는 개념이 우리가 아는 또는 말하는 사물을 정확하게 되찾게
한다는 사실과는 관계없다. 진리는 사물의 근거를 제공하는 무한
한 지평을 드러내지 않고서는 어떠한 사물에 대해서도 사유하거

나 언급하지 않는다. 그것은 모든 판단에는, 다시 말해 현재의 사물들을 말하기 위해 또는 사물들이 존재한다고 말하기 위해 '존재하다'라는 동사를 사용하는 것은, **현재의 사물들**과 그것들이 **존재한다는 사실** 사이의 긴장 관계가 자리잡고 있다는 점을 이해하는 것이다. 이 긴장 관계가 존재 안에 세계를 확립한다.

언제나 세계의 경험 속에서 자신에게 제공되는 모든 것의 근거에 대해 의문을 던질 수 있는 존재로서의 인간에 관한 진실, 언제나 절대와의 관계를 그 안에서 찾아야 하는 세계에 관한 진실 등, 철학적인 탐구로 밝혀지는 모든 진실들은 이와 같은 근본적인 진리 안에 포함되어 있다.

10

과학과 철학의 관계-역사적인 개관

우리 시대는 철학과 과학 사이에 존재하는 대립에 지배적인 영향을 받고 있다. 약간 과장해서 논의는 끝났다고 말할 수 있을 만큼 과학의 승리가 결정적으로 보인다. 어쨌든 철학자들 사이의 불안은 매우 심각해서 그들은 끝없이 철학의 본질에 의문을 제기한다. 가끔은 철학을 과학의 아류로 만들며 이 불안을 유발하는 문제에서 벗어날 것을 무릅쓰고서 말이다. 그럼에도 불구하고 현대의 상황은 과학을 위해 철학을 부정하는 가운데 철학의 본질, 따라서 과학의 본질의 문제를 또다시 명철하게 제기한다는 점에서 바람직하다. 그리고 현대는 철학 활동 속에 문제 제기가 있다는 점을 밝혀낸다.

1. 그리스 철학

자연에 대한 문제 제기

철학의 문제를 제기하는 속성은 이미 고대 그리스 철학자들에게서 나타난다. 그들에게 있어서 철학자라는 것은 '피지스(phu-sis),' 즉 자연에 의문을 제기하는 것, 자연에 존재하는 존재들을 이해하는 것을 의미했다. 그런데 이렇게 자연을 이해하는 것은 그 근거를 발견하기 위해 자연을 넘어선다. 철학은 '메타 타 퓌지카(meta ta phusika),' 즉 자연의 물질들을 넘어서서 형이상학적이다. 따라서 철학은 자연 그 이상의 것에 대해 질문을 하지만 자연 안에 있으며, 바로 이러한 의미에서 철학은 자연을 넘어서지 못한다.

자연학과 형이상학

따라서 그리스인들에게 있어서 철학은 자연 너머의 세계에 접근할 수 있는 가능성이지만, 현실적으로 철학은 자연 안에서 행해져야 했다. 철학자는 **자연학자**의 언어로 말하는 데 동의하는 **형이상학자**이다. 그리스인들은 '자연학,' 즉 '자연적인 존재'를 문제없이 형이상학적인 것, 즉 '자연 이상의 존재'로서 보다 상위의 실재를 내포하는 것들로 이해하면서 이 본질적인 모호성을 쉽게 극복한다. '자연학'을 이해하고 우리에게 의미를 주는 진정한 과학에 도달하는 것은, 그것은 실제로 '자연학'이 아니라 진정으로 존재하는 유일한 초월적인 실재들의 반영(反影), 이미지라는 점을 아는 것이다. 이러한 견해는 자연학을 가능하게 하는 동시에 철학의 가능성을 정당화한다. 그러나 이러한 견해는 자연적인 존재들을 그것들 안에서 연구하는 자연학을 비과학적인 의견, 즉 '억견(doxa)'으로 치부하기 때문에, 철학과 과학 사이에 점점 더 악화되는 대립을 낳기도 한다.

2. 기독교 사상

그리스 철학과의 연속성

기독교 사상은 이와 같은 문제를 새롭게, 그렇지만 그 기본 구조는 바꾸지 않으면서 계승한다. 기독교는 플라톤 철학에서 **이쪽 세계와 저쪽 세계**의 기본적인 구별을 계승한다. 그러나 플라톤과 달리 기독교는 '자연학'에서 출발하는 인간의 저쪽 세계에 대한 인식이, 자연적인 과정의 산물이 아니라 신의 은혜로 받은 선물이라는 새로운 생각을 도입한다. 이렇게 자연학적인 인식과 형이상학적인 인식은 다르다. 현대적인 의미에서 과학이라는 용어는 이제 단순한 의견이 아니라 구체적으로 완전한 지(知)의 부정, 즉 신과 맞서는 인간의 용인할 수 없는 자만을 뜻하게 된다.

합리론 비판

이러한 관점은 미묘한 변화들을 겪으며 중세 신학에 의해 폭넓게 발전되었다. 그리고 기독교는 18세기말 근대 과학이 조심스럽게 등장하면서 강조되기 시작한다. 실제로 18세기 사상가들은 합리적인 지식을 제시하는 것처럼 보이는 아리스토텔레스의 '과학'을 재발견한다. 그 지식은 과학이라는 근대적인 이름에 합당하지 않다 할지라도 오늘날 과학이 연구하고 있는 분야를 탐구했고, 스스로를 엄밀하고 사실적인 것으로 소개했다. 아리스토텔레스는 플라톤 철학의 두 세계의 대립을 극복하고, 자연학과 형이상학 사이의 연속성을 역설했다. 오로지 자연물들만을 다루는 연구가 초월적인 실재들에 대한 인식에 이르는 것을 가능하게 한다고 말이다. 그러나 신학자들은 성 아우구스티누스에 따라서 초월적인 실재를 오직 신의 계시에 따른 앎에 의해서만 이해하는 데 익숙해 있었다. 신학자들은 새로운 이론에 대한 반동으로, 새로운 합리론의 기초부터 전복시키기 위하여 자연학과 형이상학 간의 통로의 가능성조차 부인했다. 그러나 마치 과학이 존재하지 않는 것처럼 하기에는 이미 불가능했다. 따라서 그들은 합리론의 상대적인 성격과, 우리가 그것에 몰두할 때 겪게 되는 영적인 위험들을 강조하게 된다. 신학자들은 인간 혼자서는 세계에 대한 상대적인 견해를 극복할 수 없고, 형이상학에 도달할 수 없다고 주장한다.

3. 근대 철학

세계에 대한 환멸

근대 과학이 아직 출현하기도 전에 중세 스콜라 철학의 해체 속에서, 이미 세계를 통일성 안에서 생각하는 일은 불가능해졌다. 감각 세계는 형이상학적인 근거 없이 그저 단순한 과학의 대상이 되었다. 또한 근대 과학이 세계의 형이상학적인 깊이를 없앴다고 말할 수도 없다. 오히려 관념과 사물은 어떤 관계를 맺고 있다는 것을 부정하는 신학적인 유명론이, 철학과 관련 없는 별개의 과학의 도래를 가능하게 했다. 또한 전통에 동화된 데카르트는 새로운 것을 도입하기보다는 이미 시작된 변화를 극단적으로 완성한다.

주체의 발견

과학적인 인식은 **세계가 전에 가지고 있었던 깊이를 상실했을** 때, 오늘날 우리가 자연이라고 부르는 것으로 세계를 한정하는 순간에 시작된다. 우리는 칸트의 공로로 과학적인 인식은 인식하는 주체와 또 인식되는 대상들과의 관계의 이론을 필요로 하고 전제한다는 점을 깨닫게 되었다. 이 주체와 대상들에 관한 이론은 고전적인 형이상학이 전제로 했던 이론과 근본적으로 대립된다. 형이상학에서 주체는 자신이 철저히 고찰할 수 없는 대상을 인식한다. 그러나 칸트에게 있어서 대상은 객관성이 주체에 의해 구성된다는 결정적인 이유로 인해 완전히 인식이 가능하다. **철학자가 자신이 연구하는 대상에서 발견하는 것은 '선험적인' 정신의 법칙이다.** 따라서 과학은 그 적용 범위가 매우 넓어 끝없이 앞으로 나아갈 수 있다. 세계는 그 깊이를 상실하지만, 인식하는 정신의 영향을 전체적으로 받게 되었다. 이제는 지(知)의 발달을 가로막는 그 어떤 초월성도 존재하지 않는다.

이 새로운 견해는 형이상학적인 인식을 방해하지 않는다면 완벽히 그럴듯할 것이다. 철학자의 정신과 과학의 세계가 있고, 그 영역에서 정신은 어떤 제약도 극복할 수 있으므로 인식의 발달에는 한계가 없다. 우리는 이것으로부터 사유는 존재의 세계와 인식에 가까이 갈 가능성이 전혀 없다고 결론을 내려야 하는가?

4. 현재의 상황

과학과 철학의 대립

현대는 과학적인 인식이 절대화되었기 때문에, 오로지 그리고 전적으로 과학적인 정신이 제시한 모델에 따라서만 인간과 세계와의 관계를 이해했기 때문에 과학과 철학 사이에 대립이 존재한다. 과학은, 마치 과학의 놀라운 진보가 과학자들이 자리잡는 것을 점차적으로 막고 지식과 삶의 절대적이고 불가피한 준거로 자처하도록 강요한 것처럼, 과학 자신의 운동에 의해 사로잡힌 것처럼 보인다. **우리는 종교와 철학에 기대했던 것을 오늘날에는 과학에 기대한다.** 이제 과학은 인간의 지혜나 구원에 관한 의미없는 인간 활동을 포함하지 않는다. 과학은 인류의 행복을 보장할 수 있는 대표적인 인간의 활동으로 정의된다. 이와 같은 것이 진보라는 신화의 의미이다. 루소와 칸트는 각각 자신들만의 방식으로 이 새로운 합리론에 반대한다. 그들의 반대가 별 효과를 발휘하지는 못했지만 말이다. 그들은 인식과 앎의 발달을 상대화하면서, 인간은 실천과 자유라는 매개 없이는 인간적으로 존재할 수 없다는 점을 증명하려고 한다.

우리 인간의 운명은 미결 상태에 있다

칸트에 따르면 역사 속에서 인간이 도달할 수 있는 완전한 이상이 어떠하든지간에, 그 상태는 자유의 역사 속에서 계승되지 않는 한 문제를 야기할 것이다. 자유의 역사는 언제나 지평 위에 떠오르며, **과학은 피할 수 없을 비극적인 측면을 선보인다**. 과학 이전 시대의 인간과 마찬가지로 현대의 인간은 존재에 직면하고 있다. 오직 자유만이 결정적이고 그것만이 실제적인 목적에 도달하는 것은, 구체적으로 자유는 절대의 무제약자에 대한 자유이기 때문이다. 칸트는 이렇게 데카르트의 가르침을 상기시킨다. **과학의 행사는 인간의 운명을 보장할 수 없으며** 본질적인 것, 말하자면 절대에 대한 관계를 보류한다. 인간의 정신과 세계는 우리가 생각하는 것보다, 그리고 과학적인 인식을 통해 믿는 것보다 훨씬 더 심오하다.

11

과학의 위기에 직면한 철학

20세기초 푸앵카레와 르 로이 같은 사람들은 과학적인 인식의 상대성과 과학의 근거들을 밝혀야 할 필요성에 대해 의식하게 되었다.

1. 과학의 위기

과학적인 현상의 상대성

과학자는 의심의 여지가 없는 현상들로부터 법칙과 이론들을 만들어 낸다는 고전적인 도식도 이제는 더 이상 단순 명료하지 않다. 우리는 과학적인 현상에 의문을 제기하고 거기에서 상대성을 발견한다. 단순히 평가만 하는 행위는 본질적으로 심리적이다. 또한 현재의 경험들이 우리의 이해력이 미치는 범위 내에 있다면, 우리가 체험할 수는 있지만 체험하지 않는 모든 가상적인 경험들과 관념적인 한계 체험들 또한 존재한다. 그런데 과학적인 사실들의 근거인 경험들은 거의 언제나 한계 체험들이다. 예를 들면 보일-마리오트의 법칙은 사용된 기체가 완벽한 기체일 때에만 확인될 수 있다. 엔트로피는 극도로 느린 변화에 따라, 다시 말해 진정한 변형이 아닌 변화에 따라 측정된다. 그리고 어떤 별의 중심의 온도가 약 1억 도라고 말하는 것은 엄밀히 말해 아무런 의미가 없다. 왜냐하면 우리는 분자 물질에 유효한 열 법칙들을 확대 적용한 데 반해, 원자들은 높은 압력에서 분해되기 때문이다.

과학적인 현상은 구성된다

실험에 의한 현상들은 언제나 이론에 의존하며, 그 이론에서부터 우리는 그 현상들을 구성한다. 실험의 개념은 우리가 무의식적으로 생각하듯이 이론의 개념과 대립되지 않는다. 인식에는 전적으로 자연적인 수준의 것과, 전적으로 구성되는 수준의 것은 없다. 그러나 모든 인식은 다 구성되는 것이고, 하나의 현상은 이미 하나의 이론이다. 따라서 이론들이라는 말이 지칭하는 것은 현상들이다. 현상들은 여러 가지 체계 중에서 가능한 한 가지 체계에 따라 그려지며, 얼마간 현실에 부합하는 실험의 한 윤곽선일 뿐이다. 간단히 기술된 현상들을 관찰하는 데서부터 과학은 이미 현실의 한 변이이다.

이미 칸트가 말했듯이 우리가 과학적인 인식으로 발견하는 것은 인식하는 정신의 법칙뿐이다. 거기서 그 어떤 존재론적인 깊이를 발견하지 못하는 것은 놀라운 일도 아니다. 우리는 과학에게 인간의 행복을 보장해 주기를 요구하면서, 그것이 줄 수 있는 것 이상을 기대한다.

인문과학

역설적으로 과학자들이 과학의 근거와 그 의미에 대해 문제를 제기하는 순간에도 과학적인 방법론은 심리학·사회학·역사학과 같이 '인문'과학이라 불리는 학문들에서 인간 자신에게 적용된다. 물리학자들이 물리학 이론의 상대성을 인정할 때, 우리는 모든 인간의 사유·의견·행동은 외부 원인들의 결과라는 점을 증명하려 할 것이다. 이렇게 '과학'은 자신의 토대를 자신도 모르는 사이에 스스로 파괴한다.

물리학적인 토대의 위기로 과학적인 인식이 현실과 맞지 않는다고 생각하는 경향이 있었다. 현대 인문과학의 위기는 과학이 정말로 객관적이고 세계의 법칙도 설명한다면, 과학은 모든 사유를 우연적이고 객관적인 원인들의 결과로, 좀더 정확히 말해 사유와 정반대의 것으로 만들기 때문에 과학으로서는 자살하는 것이나 마찬가지라는 점을 보여 준다.

현재의 위기

오래된 과학의 위기 속에서 과학자들은 이 위기의 의미를 깨닫지 못하고 철학의 중재를 기대한다. 그러나 철학자 또한 오래전부터 이와 유사한 어려움에 봉착해 있기 때문에 그러한 요구를 들어줄 수 없다.

이처럼 우리는 모순, 어쩌면 비논리의 절정에 있다. 철학은 과학적인 활동의 전형으로 이해되면서, 과학적인 활동의 보편적이고 논리적인 타당성을 정당화한다. 그러나 과학은 사유에 적대적이다. 과학은 그 수단들을 가지고 사유를 공격하고, 자신의 내재성을 안에서부터 위험에 빠뜨리며, 자신의 근거조차 손상시킨다.

그래서 인간의 기본적인 활동들은 이해할 수 없는 것들이 된다. 종종 그 우수성을 인정받기도 했던 과학적인 합리론은 비합리주의로 빠진다. 20세기 초반 후설은 이 문제를 철학과 과학을 새롭게 이해해야만, 두 학문의 공존에 대해 좀더 적절하게 규정해야만 극복할 수 있는 이성의 위기로 해석했다. 그는 생의 말기, 1936년에 발표한 자신의 마지막 저서 《유럽 학문의 위기와 선험적 현상학》에서 이 문제를 다시 검토하고는 영원히 미해결된 것으로 둔다. 이제 우리는 철학적 인식의 타당성과 과학적 인식의 타당성을 동시에 보존할 수 있는 해답의 요소들만을 지적할 수 있을 것이다.

2. 철학과 과학

철학과 과학의 타당성에 근거를 제공하면서 두 학문을 가능하게 하는 인식의 위상을 밝힐 수 있을까? 실제로 이것은 과학 자체의 타당성의 문제이다. 겉보기에 특권을 누리고 있는 것 같은 자신들의 상황에 대해 숙고하는 과학자들은 실제로는 자신들이 참을 수 없는 상황에 놓여 있으며, 과학이 가능하려면 최초의 인식 양상, 즉 철학에 호소해야 한다는 점을 깨닫게 될 것이다.

철학은 과학이 아니다

과학적 합리주의의 실패는 철학을 과학의 영역에서 찾아서는 안 된다는 점을 증명한다. 과학의 영역에 있는 철학은 과학적인 근거의 위기를 전혀 해결할 수 없다. 따라서 철학은 좋든 싫든 간에 과거의 지위를 포기해야 하고, 오늘날의 철학은 오직 여러 학문들이 자기만의 전문화로 인해 하나의 일관성 있는 전체로 모아질 수 없는 것을 체계 있게 정리하는 학문들의 논리학, 즉 '메타과학'으로서만 존재할 수 있다고 설득하려는 몇몇 비양심적인 철학자들과 과학자들의 경솔한 요구에 반대해야 한다. 이들은 철학을 그와 같은 역할에만 한정시키며, 마치 과학의 근거 문제가 해결되어 더 이상 그 문제는 제기되지 않는다는 듯이 행동한다.

상호 관련성을 고려하여 철학과 과학의 위치를 설정하는 일부터 시작해야 한다. 철학을 과학의 단순한 연장, 또는 세계에 대한 과학적인 지식들의 일반화 및 총계로 이해해서는 안 된다. 과학의 명성이 모든 학문, 심지어는 권력의 영역을 휩쓸고 있는 시대에 이러한 주장을 하기는 어렵다. 철학자는 과학자가 아니며, 여러 전문가들의 단편적인 지식들을 통합할 수 있는 신인(神人)은 더더욱 아니라는 사실을 인정하고 명시해야 한다. 고대인들의 지혜는 추상적인 관념들을 각각 고유의 풍요로움을 지니고 있는 여러 등급으로 구분했지만, 그 어떤 단계의 추상적인 관념도 종합적 인식의 특권을 지니고 있지 않았다. 그래서 칸트와 마찬가지로 데카르트도 과학은 가능한 것이며 진정한 인식이라고 단언하면서, 상이한 깊이에 자리잡고 있으며 과학적인 인식에 소속되지 않는 **진리의 단계**가 존재한다는 것을 증명했다.

철학은 인식이다

철학은 진정한 인식이라는 사실을 증명해야 할 필요가 있다. 베르그송과 아인슈타인의 대화에 비추어 증명해 보겠다.

　1922년 4월 6일 프랑스철학회는 아인슈타인을 초대했고, 베르그송은 이 물리학자의 강연을 들으러 왔다. 강연회중, 관찰자가 처한 시점과 관계된 다양한 시간들의 역설이 논의되었다. 아인슈타인의 학설에서 우리가 '시간'이라고 부르는 변수는 좌표계에 밀접히 연계되어 있고, 우리가 여기 또는 저기서 관찰하는 것에 따라 팽창하거나 줄어드는 것으로 이해되며, 따라서 여러 가지의 시간(폴과 함께 있는 피에르의 팽창된 또는 수축된 시간)이 있다고 한다. 아무도 이 이론의 정확성에 의문을 제기하지는 못할 것이다. 그러나 이론의 의미, 특히 아인슈타인의 변수가 시간의 보편적인 정의로 제시될 수 있는지의 여부를 아는 것이 중요하다.

　그런데 우리는 시간에 대해 우리가 체험한 경험을 무너뜨려야만, **시간은 누구에게나 단 하나밖에 없고**, 과거와 미래는 환원이 불가능하다는 생각을 버려야만 위 이론의 의미를 알 수 있다. "우리의 지각 영역에는 동시에 행해지는 사건들이 있다"고 메를로퐁티는 쓰고 있다. "한편 우리는 우리의 지각 영역을 조금씩 침범하는 다른 관찰자들의 영역을 보며, 다른 관찰자들의 영역을 침범하는 또 다른 관찰자들의 영역을 상상한다. 이렇게 우리는 동시적인 것에 대한 우리의 사고를 넓혀서, 각기 다른 관찰자들에 속해 있으며 서로 멀리 떨어져 있는 사건들에까지 펼치게 된다. 이처럼 모두에게는 유일한 시간, 단 하나의 보편적인 시간이 있다. 이러한 확신은 아인슈타인의 계산 속에 암시되어 있다고 해도, 그에 의해 처음 시작된 것은 아니다. 아인슈타인이 폴이 있는 순간의 피에르의 시간이 팽창되었거나 또는 수축되었다고 말할 때, 폴이 체험한 시간을 설명하는 것은 전혀 아니다. 폴은 자신의 관점에서 모든 것을 지각하며, 피에르가 느끼는 시간과 다르게 흘러가는 시간을 느낄 이유도 없다. 아인슈타인은 피에르가 폴의 시간에 대해 가지고 있는 이미지를 폴의 것으로 잘못 생각한다. 그는 피에르의 시각을 절대적인 것으로 만들고, 피에르와 같은 신조를 표방한다. 그는 스스로를 전세계의 관객으로 가정하며, 우리가 그토록 비난하는 철학자들의 일을 한다. 그리고 그 누구의 것도 아니며 신화의 것인 시간에 대해 말하고 있다."(《렉스프레스》 기사, 1955년 5월 14일)

세계의 이미지로서의 과학

과학은 경험된 지각과 본능적인 경험을 제거하지 않는다. 과학은 그것들의 추상적인 관념이기 때문에 오히려 그것들을 필요로 한다. 따라서 철학자의 시간과 물리학자의 시간이 있다. 결국 보편적으로 유효한 철학자의 시간이란 없으며 시간의 진실에 대해 말하는 것은 과학자의 소관이라고, 베르그송과 다르게 결론을 내린 아인슈타인이 틀렸다. 그는 마치 세계의 확실한 경험은 '과학의 분명한 말 이전의 초보 단계'일 뿐인 것처럼 결론지었다. 과학의 세계 **이전에** 과학자의 모든 추상적 관념들에 선행하는 경험의 세계가 있다. 과학이 뭔가를 말하고자 한다면, 과학이 현실 세계에 대한 인식이라면 그것은 바로 과학이 우리의 최초 경험에 주어지는 세계에 대한 **관점**이기 때문이다. 만약 과학이 과학을 가능하게 하는 이 본질적인 최초의 경험을 제거한다면, 과학의 결과를 절대화한다면 과학은 이해할 수 없고 무용한 것이 된다. 과학이 말하는 세계는 그렇지 않기 때문이다. 과학의 세계는 체험된 경험의 세계에서 추출된다는 조건에서만 존재한다.

과학에서 철학으로 돌아오기

이와 같은 관점에서 보면 형이상학은 더 이상 칸트가 한정시키려고 했던 엄숙한 침묵이 아니다. 과학에서 철학으로 거슬러 올라가는 것은 의미들로 가득 찬 세계를 떠나 난해하고 말로 표현할 수 없는 세계로 가는 것이 아니며, 정확하고 분명한 언어를 버리고 무언의 숭배를 택하는 것도 아니다. 과학적 세계의 저쪽 세계 또한 가능한 세계이고, 저쪽 세계는 과학적인 세계보다 훨씬 더 질적이고 의미들로 가득 찬 세계이다. **과학적인 세계의 저쪽에서 철학은 본원적인 경험의 경험적인 세계를 되찾는다.** 철학은 데카르트와 칸트가 강조했듯이 존재에 기대고 있다. 그러나 존재는 그 스스로 직접 우리에게 모습을 드러내지 않는다. 그것은 존재는 아니지만 존재하는, 존재자의 물질계의 경험을 통해 우리에게 주어진다. 그리고 이러한 경험은 추론의 소관이다. 그 추론이 말로 표현할 수 없는 것이라 할지라도 말이다. 철학자가 사유하기 시작하면, 그는 언어의 불가능성을 감수하는 것이 아니라 자신이 말해야 하는 모든 것을 언급하는 데 결코 성공하지 못할 거라는 확신을 가진다. 절대적인 것이 있기 때문에 철학자에게 말로 표현할 수 없는 것이 있다면, 그 말로 표현할 수 없는 것은 바로 세계 한가운데에서 그에게 나타난다. 그래서 철학자는 자신의 모든 추론을 포기하게 할 절대에 대하여 종교적인 경건한 마음이 없다. 분명 철학자는 자기 추론의 결함을 느끼지만, 그것의 필연성을 훨씬 더 많이 느낀다. 내가 철학하기 시작하면 세계와 사람들이 있고, 내가 아닌 모든 것과 나와의 만남이 있으며, 지나간 것의 지속과 앞으로 올 것의 시초, 즉 내 경험의 통일성이 나의 공간 안에 있다. 이러한 경험의 의미를 발견하고 일관성 있는 언어로 그 경험을 계승하는 것, 이것이 철학자의 임무이다.

그것은 순진한 믿음과 의견들을 중시하고 그것들을 확실한 과학보다 우선시하면서, 철학을 진부한 상식과 일상 생활로 귀착시키는 것이 아니다. 우리는 철학적인 경험과 일상 생활의 경험 사이의 차이점을 충분히 강조해 왔다. 철학자는 과학과 역행하지 않으면서 최초 경험의 세계로 회귀할 것을 요구한다. 그런데 철학자는 과학적인 태도를 발휘할 수 있는 장소를 찾으려고 애를 쓴다. 철학자는 자연적인 삶과 상식 너머에서 모든 허위적인 순진함과 허위적인 학문들을 벗겨 낸 세계를 과학자에게 돌려 준다.

12
예술과 철학

우리는 과학적인 추론과 비교해 철학적인 추론의 특수성을 보여 주면서, 철학은 더 이상 이성적인 추론이 아니며 세계에 대한 일종의 심미적인 추론이라는 생각을 갖게 만들었다. 실제로 우리가 언급해 왔던 최초의 경험의 세계는 이성적인 언어로 **말해지는** 것보다, 다시 말해 관념적인 본질로서 개념 안에 갇히는 것보다 상징적인 언어로 더 잘 **연상**될 수 있는 것 같다. 이 문제에 대한 검토를 통해 철학이 예술과 맺고 있는 관계들을 분명히 할 수 있을 것이다.

1. 철학과 경험

철학 언어의 불가능성

최초의 세계, 즉 일상의 삶의 세계는 언어라는 관습 안에서 이미 해석된 경험 속에 드러난다. 이 경험은 직접적인 것에 몰두하려는 의식을 방해하는 지식과 학문의 매개들에 의해 형성된다. 이처럼 우리는 **세계 안에서** '세계와 대면' 하고 있다.

그러나 언제나 이미 거기에 있는 세계에 대한 재발견으로 정의되는 철학적인 회심은 모든 매개들에 대한 부정이며, 모든 것이 드러나고 주체와 객체가 구별되는 이쪽 세계의 직접적인 것인 순수 체험으로의 회귀이다. 따라서 **철학은** 본래적으로 **모든 언어와 추론과는** 안 맞는 듯한, 언어의 직접성·확실성·**풍부함을 되찾으려고 애를 쓴다.** 철학은 매개 없이, 세계와 자아 사이의 제삼자 없이, **관점** 없이 세계를 되찾으려고 노력하는 것이다.

그런데 개념들 속에 일종의 관념 세계를 재구성하면서 현실 세계를 재현하는 언어는 그 안에 '거리두기,' 즉 설명하고자 하는 현실 세계에 대한 분리를 필연적으로 내포한다. 나는 사물들이 '나에게 나타난다'고 말할 수는 없지만, '내가 그 사물들을 앞에서 마주하고 있을 때'에는 그것들이 내게 보인다고 말할 수 있다. 정확히 말해 철학이 말하고자 하는 것, 본원적인 경험의 세계는 나와 분리되어서는 나타나지 않는다. 다시 말하면 본원적인 경험의 세계는 내 앞에 나타나지 않으며, 따라서 나는 그것을 볼 수 없다. 그리고 이 세계는 더욱더 말해질 수 없게 되고, 단지 체험될 수 있을 뿐이다. 그 경험은 논리적인 비약이 없으며, 외양 없는 꽉 찬 전체이다. 나타난다는 사실은 거리, 상당한 거리두기와 일종의 중개물, 즉 공간을 전제로 하기 때문이다.

원근법

우리는 회화에서 원근법을 어떻게 사용하는지 분석함으로써 경험이 무엇인지를 잘 이해할 수 있을 것이다. 원근법은 대상들이 서로 부분적으로 겹치지 않게 하면서 세계를 표현하기 위해 주관성을 배제하려는 의도에서 나왔다. 예를 들면 비잔틴의 성상과 같이 원근법이 없는 예술에서, 회화는 배경으로 금박이 입혀진 단일 평면 위에 그려진다. 부차적인 대상들도 그림 가장자리에서 잘리지 않으며, 움직임을 표현하는 것도 없다. 관계들은 오로지 빛에 의해서, 금빛과 색깔들의 교체에 의해서 설명된다. 여기서 그림은 의식적으로 자신의 역할을 수행하며 자신에게 제시된 요소들로부터 객관적인 관계와 운동을 재구성하는, 다시 말해 자기 자신이 관객임을 알고 있는 관객에게 호소한다. 내가 그림을 바라볼 때마다 그 그림을 그리는 것은 관객, 즉 나의 자아이다. **회화는 내가 마주 서서 바라보는 세계에 대한 그림이다.** 그림은 자아 없이는 존재하지 않으며, 나의 시선과 나의 삶의 질료이다.

그러나 우리는 원근법을 도입하면서 **회화의 모든 인간적인 요소를 제거한다.** 뒤러의 용어에 따르면 회화는 순수하게 '~을 통하여 보기,' 즉 세계를 향해 열려 있는 창이다. 그림으로서의 회화는 사라지며, 관객은 단순한 관객이기를 그치고 **자신 앞에 펼쳐진 세계 속으로 흡수된다.** 회화는 더 이상 '묘사' 가 아니라 '제시' 이다. 이렇게 원근법은 자신을 초월하고, 잊게 만들며, 마지막에는 모든 관점을 배제하게 만들기 때문에 일종의 기적과 같다. 물론 회화 속에는 관점이 있고, 따라서 관점의 중심도 있다. 회화는 세계의 어떤 지점에 자리잡고 있다. 그러나 **원근법이라는 기법은 세계를 객관적으로 묘사하고,** 그림이 놓여 있는 그 자리에 존재하지 않도록 하여 그림이 사라지고 잊혀지게 한다. 그림을 본다는 것은 그것이 우리를 초대하는 곳으로 기꺼이 이끌려 간다는 것이고, 결국은 우리가 그림을 보고 있는 관객이라는 사실을 잊는 것이며, '~을 통하여 본다,' 즉 그것 너머로 보며 세계에 몰입한다는 것이다.

그래도 역시 원근법은 자연스럽게 이해되고 단지 세계를 향해 열려 있는 하나의 창, 즉 순수한 세계에 대한 발견이 되며, 무조건적으로 세계와 혼동되지 않는다. **회화는 세계가 아니며, 여전히 하나의 그림일 뿐이다.** 원근법은 자연스러운 것이 아니며, 객관적인 세계의 법칙이 아니다. 원근법은 일종의 선입관이며, 세계를 재구성하는 것이다. 만약 오늘날 우리가 그것을 알아차리지 못한다면, 세계에 대해 주어진 이 이미지가 당연한 것이라면, 원근법이 '자연스러운' 것이라면 그것은 원근법이 역사적이고 문화적인 소여(所與)가 되었기 때문이다. 관객은 이 문화적인 소여 안에서 길을 잃은 것처럼 최소한의 거리두기도 불가능하게 된다. 그리고 우리는 예술 작품이란 세계를 보는 하나의 방법이고 세계를 향해 취해진, 또 그 안에 자리잡는 방식일 뿐이라는 점을 무의식적으로 잊어버린다. 다시 말하면 주관적인 것이 객관적인 듯 보이고, 일종의 자연 상태처럼 된다.

경험으로의 회귀

이러한 지적들을 통해서 우리는 철학이 돌아가고자 하는 경험이 무엇인지 더 쉽게 이해할 수 있을 것이다. 일상 생활 속에서 우리의 경험은 직접적이며, 본래적으로 자아와 일치하는 것 같다. 그러나 경험은 원근법이 적용된 회화가 그림으로서가 아니라 직접적인 객관성으로서 나타나듯이 경험으로 드러나지 않는다. 그런데 **이 직접성은 일종의 망각이다.** 원근법은 기법으로서, 세계를 표현하기 위해 세계를 보는 방식으로서 원근법 자체를 잊게 한다. 그리고 **회화는 투명해지고**, 우리가 그것을 통해 풍경을 바라보는 창문을 잊는 것과 같은 방식으로 **(묘사된) 세계가 된다.** 따라서 경험은 세계 속에서 살아가기 위한 망각일 뿐이다. 경험에 대하여 확신을 가지고, 그것에 어떤 방식으로든 자리를 잡으며, 입장을 취해야 한다. 살아가기 위해서는 세계에 대해 어떤 입장을 취해야 하는데, 경험은 이 점을 망각한다. 망각한다는 사실조차 경험에는 나타나지 않는다. 경험은 자신이 망각한다는 사실을 망각한다. 그림을 보는 관객이 단지 문화적인 기법의 결과일 뿐인 것을 자연스러운 것으로 지각하듯이, 경험은 당연한 듯 보이는 어떤 것을 끝없이 전제한다.

바로 이 망각의 일치 때문에 경험은 엄밀히 말해 말로 표현할 수 없고, 언어에 맞지 않는다. 경험이 포괄하는 것은 말로 표현하기 불가능하며, 모든 말보다 훨씬 더 심오하게 느껴져 경험은 침묵 속으로 빠져든다. 방식은 매우 다르지만 **예술과 마찬가지로 철학은 경험으로 돌아가고자 한다.** 그것은 더 이상 망각하지 않는 경험으로의 회귀이며, 경험 안에 자리잡고 있는 망각, 다시 말해 경험을 제도와 틀에 박힌 의견의 말들로 가득 찬 일상적인 경험으로 만드는 망각을 바로잡는 것이다. 예술과 같이 철학은 모든 일상의 매개들을 극복하여 직접적인 것, 즉 경험의 순수한 본질을 되찾으려고 노력한다.

2. 직접적인 것에의 욕망

사유의 권태

철학 속에는 직접적인 것에의 욕망이 자리잡고 있다. 경험은 모든 분리, 기탄 없는 소유, 거리감 없는 사랑 이전에 의사소통의 실현이기 때문에, 철학은 순수 경험의 일치 안에 거하기 위해 **자신의 이성적인 추론을 끊임없이 포기하고 싶어한다.**

추론을 포기하려는 욕망, 즉 **사유하는 대신에 경험**하려는 욕망은 헤겔의 《정신현상학》의 두번째 부분에 매우 잘 묘사되어 있다. J. 이폴리트에 따르면 "헤겔은 이러한 경험의 예로서 파우스트와 그레트헨의 에피소드를 든다. 그것은 지의 보편성과 명상의 과중함에 지친 의식에 관한 것으로, 이 의식은 직접적인 쾌락으로 완전히 돌아서기를 바란다. 의식은 '모든 학설은 단조로운 데 반해 삶이라는 소중한 나무는 푸르다'는 것을 안다. 의식은 인간의 지적 능력, 과학, 최상의 재능들을 경멸한다." 헤겔은 또한 "의식은 악마에게 주어졌으며, 그 근거로 되돌아가야 한다(또는 사라져야 한다. 독일어 'zu Grunde gehen'은 여기에서 이 두 가지의 의미가 있기 때문이다)"고 덧붙인다. **의식은 직접적인 것을 열망하며**, 마르그리트에 대한 파우스트처럼 **사유하기를 포기하고 말로 표현할 수 없는 것을 경험하고 싶어한다.** 의식은 이제 그것을 집는 사람의 손 앞으로 떨어질, 익은 과일을 따듯이 삶을 붙잡기만을 바란다. […] 의식과 현실 사이에 홀로 있는 과학·법칙·원칙의 그림자들은 근거 없는 구름처럼 자취를 감춘다."

의식의 직접 여건으로 돌아오기

직접적인 것으로의 회귀는 베르그송의 모든 사유의 노력을 설명해 준다. 그에게 있어서 직접적인 것으로의 회귀는 믿기지 않는 망각에서 빠져나오는 것이다. 우리는 행동의 제약과 언어의 왜

곡 때문에 우리 자신을 잘 잊어버린다. 공간의 분산에서 시간의 내적 통일로 이행하고, '의식의 직접 여건'으로 돌아가야 한다. 베르그송의 철학은 **경험의 직접성을 되찾고, 경험을 드러나게 하며, 명상에 잠기기 위해** 현재의 행동과 관계를 끊으려는 지속적인 욕망으로 설명할 수 있다. 베르그송은 심미적인 유형의 관조하는 철학을 동경한다. 아마도 그는 이러한 욕망을 이기지 못하고 경험적인 삶으로 돌아가 삶의 의미를 폭로할 것이다. 그는 행동에 대한 명상을 위해 순수 경험의 직접적인 것을 포기하는 인간을 창조자로 묘사할 것이다. 그러나 그의 사유에는, 그리고 말로 표현할 수 없는 것, 즉 이미지에 호소하는 것과 언어에 대한 깊은 멸시의 기원에는 여전히 직접적인 것에 대한 욕망이 존재한다.

13

언어의 문제

철학은 일종의 언어 활동이라는 점을 우리는 여러 차례 역설했다. 철학자는 세계에 대한 최초의 경험으로 돌아오면서, 철학적인 추론을 불러일으키고 가능하게 하는 현실과 마주하게 된다. 이제 철학적인 언어의 문제를 다시 검토해야겠다.

1. 철학자와 언어

언어, 즉 이성적인 언어와 철학의 관계의 문제는 매우 중요한 것 같다. 바로 이것이 철학을 예술과 구별짓기 때문이다. 베르그송의 예는 **철학자가 말과 관련해서 상당한 염세주의를 겨우 피하고 있는** 것을 잘 보여 준다. 철학적인 회심으로 이끈 경험을 표현하기에 말은 적합하지 못한 것 같다. 단어들이 불명확하기 때문이 아니라, 오히려 그 명확성이 사유에 부여된 실재의 질을 떨어뜨리기 때문이다. 좀더 깊이 파고들면, 그 실재는 말해진다는 것 자체를 허용하지 않는다. 그리고 우리는 철학의 대상이 무엇인지 말하려고 할 때, 이미 이 점을 경험한다. **그 실재는 그것을 잃지 않고는 표현할 수 없는 경험 속에 주어진다.** 이러한 의미에서 철학은 이성을 초월하고 심미적인 경험 또는 사랑의 경험, 다시 말해 경험하지만 설명 또는 전달할 수 없는 모든 것과 유사하다. 따라서 일상 생활의 진부함에, 또는 자신이 말하고자 하는 것을 표현하기 위해 언어를 과학적이고 기술적인 고도의 정확성에 복종시키는 과학자에게 언어를 넘겨 주어야 한다. 철학은 언제나 언어, 다시 말해 언제나 본질적인 것 아래에 머물러 있는 모든 언어적인 표현, 서적들 위에 있다. 철학자에게 있어서 단어들은 말로 표현할 수 없는 황홀경을 준비하는 정결 의식의 주문과 같다.

2. 시인과 언어

언어에 대한 이와 같은 불신은 철학자에게만 고유한 것은 아니다. 언어에 대한 불신은 시작 과정의 한가운데에서도 나타난다. 릴케는 이러한 언어에 대한 불신을 매우 아름다운 시로 표현한다.

나는 인간들이 하는 말이 너무 두렵다.
그들은 모든 것을 아주 분명하게 말한다,
'이것은 개이고, 저것은 집이며,
여기가 시작이고, 저기가 끝이다' 라고.
[…]
나는 언제나 경고하며 제지하련다: '멀리 떨어지라' 고.
나는 사물들의 노랫소리를 듣는 것이 좋다.
너희들이 건드리면, 사물들은 몸이 굳으며 벙어리가 된다.
너희들은 나의 모든 사물들을 죽이고 있다.[1]

---

1) 본문의 시는 한국어로 번역된 《릴케 전집 I》(김재혁 옮김, 책세상, 2000)에서 인용한 것임. 〔역주〕

연상으로서의 언어

위의 시에서 시인은 세계를 언어로부터 지키라는 사명을 받는다. 세계는 인간이 생각하는 것보다 더 풍부하다. 그래서 세계를 단어들의 한계와 관념적인 의미 안에 가두려고 하는 것은 터무니없는 일이다. 그러나 인간은 그렇게 하다가 현실 세계를 사라지게 하고, 세계를 소유하려고 하다가 그것을 잃는다. **시인은 오직 언어의 불충분함을 보여 주기 위해서 언어를 사용한다.** 그래서 언어가 명백히 드러나게 하고, 예를 들면 개는 개라는 단어 이상의 것이며 집도 집이라는 단어 이상의 것이라는 등, 언어가 결코 전달할 수 없는 것들을 언급하게 한다. 감탄하고 놀랄 만한 산이라는 것은 언제나 우리가 말하는 산 이상의 것이다. 시인은 언어란 그 자체로는 의미가 없고, 실재를 가두고 왜곡하며, 언제나 단어들 외부에 있는 실재에 대한 연상일 뿐이라고 확신하면서 단어들을 말하고 사용한다. **사물들을 지시한다고 주장하는 단어들은 오직 우리에게 주의와 민감한 상태를,** 좀더 정확하고 본래적인 뜻에서 **세상 속으로의 탄생을 유도하기 위해서만 존재한다.** 말라르메는 다음과 같이 말한다. "단지 유사한 또는 구체적인 환기에 대한 제약 없이 순수 개념을 발산시키기 위해서라면, 언어 유희에 따라 자연 상태의 울림을 사라지게 하는 경이가 무슨 소용 있는가?"(《언어론》[2]의 서문) 이와 동일한 관점에서 G. 지베르트는 다음과 같이 쓰고 있다. "말은 지나가는 운동이기 때문에 연장된 명상의 대상이 될 수 없지만, 언제나 자신이 전달하거나 간직하고 있

---

2) René Ghil, *Traité du Verbe*, 1886. 〔역주〕

는 의미의 영혼으로 돌아간다. 그리고 돌아간 것도 사라지기 때문에 말은 사물 또는 기의(記意) 안에서 사라지는, 기호라는 빛의 광선 또는 섬광일 뿐이다."(《언어의 존재론》)

언어를 제거하기

말은 자신이 말하는 세계가 막 솟아오를 때 사라진다. 아마도 이러한 이유로 인해 시는 '구어'에서 나온다. 또 문어는 물리적인 항구성에 의해 자신이 연상시키는 세계를 더 많이 가린다. 아마도 시의 본질은 기술 행위에 반대하는 것인가! 여기서 더 나아가 **시는 모든 언어를 초월하고 없애기 위한 필사적인 노력**이라고 말해야겠다. 보들레르와 릴케는 시 언어의 음악성이 언제나 시적인 비전을 드러내는 것을 강하게 느꼈고, 그래서 그들은 시라는 것은 단지 침묵으로만 써질 수 있다는 점을 알고 있었다. 스스로 '순수 개념'이라고 불렀던 것을 향한 말라르메의 내적 지향은 그 또한 사물인 단어의 추구와 다르지 않다. 《지옥에서 보낸 한 철》에서 랭보는 다음과 같이 쓰고 있다. "나는 모음들의 색깔을 발명했다! A는 검고, E는 하얗고, I는 붉고, O는 파랗고, U는 푸르다. 나는 각 자음의 형태와 운동을 조절했고, 본능적인 리듬으로, 언젠가는 온갖 감각에 다다를 수 있는 시 언어를 창조하리라 자부했다. 나는 번역을 보류했다. 그것은 우선 연습이었다. 나는 침묵과 밤에 대해 썼고, 표현할 수 없는 것에 유의했다. 나는 현기증에 종지부를 찍었다."[3] 이렇게 시인 랭보는 더 이상 매개가 아니

3) 본문의 시는 한국어로 번역된 《지옥에서 보낸 한 철》(김현 옮김, 민음사, 1974)에서 인용한 것임. 〔역주〕

라 **직접적인 표현**인 언어에 역행하여 내던져진다. 세계의 총체는 보이거나 말해지는 사물의 형태로서가 아니라, 설명할 수 없는 실재로서 순수 감각의 언어 속으로 되돌아온다. 이것을 랭보는 다음의 짧은 시 속에 표현하고 있다.

> 별은, 그대의 귓속 깊은 곳에 떨어져, 장밋빛으로 흐느껴 울고
> 그대의 목덜미로부터, 허리 있는 곳까지, 무한(無限)은 그 흰빛
> 을 굴리고 있었다.
> 바다는 그대의 따뜻한 젖가슴을, 진줏빛으로 물들게 하고,
> 사내는 그대의 영묘한 옆구리에 검은 피를 흘렸다.[4]

3. 예술과 철학

예술 작품의 형이상학적인 속성

위와 같은 것이 일반적으로 **가능한 한 가장 완벽하게 언어를 세계의 출현에 맞추기** 위한 시와 예술의 끈질긴 추구인 것 같다. 이 점에서 예술은 철학의 투기(投企)와 일치한다. 사물들의 직접성을 추구하는 파우스트에 대해, 헤겔은 그것의 목적은 근거로 돌아가거나 없어진다는 두 가지 의미의 'zu Grunde gehen'일 수밖에 없다고 말했다. 초본질적인 언어에 대한 향수는 이제 세계를 지칭하는 것이 아니라 세계 그 자체일 것이다. 그것은 우리가 철학에

---

4) 본문의 시는 한국어로 번역된 〈별이 두 귀 가운데서 장밋빛 눈물을 흘렸다〉(이준오 역, 《랭보시선》, 책세상, 1990)에서 인용한 것임. 〔역주〕

서 추구했던 근거에 대한 욕망이며 **이전(以前)**을 **되찾으려는**, 이
전을 소유하고 그렇게 해서 모든 매개를 없애려는 욕망이다. 그
러나 철학은 그 이전 안에 안주하기를 포기하고, 인간의 근본적
인 유한성을 인정하면서 자신의 패배를 기꺼이 수용해야 한다. 철
학자로 남고자 한다면 철학자는 랭보가 갈망했듯이 '장소와 방법
을 찾는 데' 있어서, 또 '태양의 자식의 초기 상태'를 되찾는 데
있어서 자신의 무력함을 인정해야 한다.

예술은 아마도 절대에 필적하고자 하는, 다시 말해 세계의 시
작이고자 하는 모순된 욕망에 전적으로 기초를 두고 있을 것이다.
이러한 관점에서 **예술은 인간성의 한계를 넘고자 하는 인간의 가
장 대담한 시도이다.** 그러나 예술은 자신의 실패를 인정할 때에
만 살아남을 수 있다. 오늘날 우리가 예술 작품들에 감탄하는 것
은 그것들이 무한(無限) 가장자리의 가벼운 떨림을 표현하기 때문
이다. 그리고 그 예술 작품들은 오직 자신들의 패배를 고백하고
한계를 인정하기 때문에 인간적이다.

언어의 철학적인 필연성

하지만 철학은 그 길을 따를 수 없다. 철학은 결연히 언어를 받
아들이고 인간의 유한성을 이해해야 한다. 물론 철학자는 단어들
의 불충분함을 느끼지 않을 수 없지만, 엄밀히 말해 단어들은 필
수적이라는 사실 또한 알고 있다. 철학자는 최초의 경험에서 자
신이 가려낼 거라고 생각하는 **허위적인 직접성을 거부하는 법을
배웠다.** 인간은 소멸되지 않는 한 근거와 다시 만날 수 없고, 그
안에 자리잡을 수도 없으며, 매개하는 매개만이 존재한다. **철학**

자를 철학자이게 하는 것은 바로 매개의 필연성을 이해하는 것이다. 세계를 사유 속에 드러나게 하고 세계를 말하는 것은 세계로부터 확실히 분리되는 것이고, 본원적인 통일성 안에 분열을 끌어들이는 것이다. 그것은 또한 인간과 세계의 상실로 향하지 않는 유일한 길로 들어서는 일이다. 절정의 상태인 침묵을 꿈꾸는 일은 철학자로서는 나쁜 유혹에 넘어가는 것이다. 그렇지만 철학자가 진부한 단어들을 그대로 받아들이는 것은 아니다. 그는 언어의 불충분함과 마찬가지로 언어의 필요성에 대해서도 알고 있다. 철학자는 의미와 본질을 추구하면서 지향점을 느끼고, 그것을 폭로한다. 그는 언제나 언어 이상의 것을 목표로 하는 진정한 초월적인 운동을 내재적인 언어 속에서 알아보고 체험한다.

14

철학과 종교

철학과 종교가 만나는 곳은 초월적인 운동 안이다. 이 둘 사이에 유지되고 있는 관계들에 대해 말하기는 비교적 어려운 것 같다. 문제가 매우 복잡하다거나 이론적으로 모순이 없고 만족스러운 해답을 가져올 수 없어서가 아니다. 철학과 종교 사이에는 역사적으로 오래된 분쟁이 존재한다. 역사적으로 기복이 심하고 동족상잔과 같은 철학과 종교의 대립이 흔적을 남겨, 가끔은 여전히 아물지 않은 그 상처들이 분쟁이 가라앉는 것을 방해한다. 게다가 **종교는 철학보다 훨씬 더 중요하고 실제적인 결과들을 야기하며 무엇보다도 실천이 우선시되므로** 철학자도 마찬가지이지만 신자가 자신의 구체적인 맹세를 취소하고 재고하기는 어렵다. 따라서 철학과 종교의 관계를 논할 때에는 문제를 잘 설정하는 일이 특히 중요하다.

1. 대립하는 용어들

종교는 신에 대한 체험

우리는 무의식적으로 신자에게 있어서, 철학은 진지한 활동일 수 없고 관념적인 훈련일 뿐이라고 생각한다. 신자에게 진지하고 실제적인 것은 자신의 종교적인 맹세이다. 신자는 믿음으로 진리에 도달하며, 구원의 영역으로 들어간다. 믿음 외에는 그 어떤 것도 결정적이거나 절대적이지 않고, 그 어떤 것도 글자 그대로 참되지 않으며, 헛된 진리들만 있을 뿐이다. **따라서 만약 내가 신자이면서 철학자이길 원한다면, 나는 이미 소유하고 있는 진리를 '찾고 있는 양' 하는 것이다.** 따라서 나는 실제로 철학자는 아니다. 만약 내가 진정으로 철학자가 된다면, 나는 신자이기를 그만두고 신앙의 확신들을 버릴 것이다. 예를 들면 나는 죄인이고 그리스도에게 연합함으로써 구원받는다고 종교가 가르치는데, 어떻게 내가 나의 정신적인 운명에 진정으로 의문을 가질 수 있겠는가? 이러한 의문에 대해 철학이 나에게 가르쳐 줄 수 있는 것은 구원의 이야기 속에는 나의 실제 상황과 공통되는 척도가 없다는 것이다. 신자인 나의 철학적인 질문은 가장한 관념적인 여담에 불과할 것이다. 철학적인 탐구는 기껏해야 나의 종교적인 신앙 속에서 내가 긍정하는 것을 주장할 때, 내가 옳다는 점을 이성적으로 증명하려는 목적의 호교론적인 과정에 도움이 될 뿐이다. 그런데 나의 삶의 본질과 내가 소유하고 있다고 주장하는 모든 지(知)에 의문을 갖는 것을 거부하는 철학도 철학일까? 신자에게 있어서 이성의 유일하고 가능한 기능은 신학적인 기능인 것 같다. 즉 살아가면서 종교가 제시하고, 신자들에 의해 규범으로 인정되는 진리들을 이성적으로 소유하도록 애쓰는 것이다. 이처럼 철학을 신학적으로 적응시키는 일은 끝이 없고, 언제나 잠정적이며, 때로는 불가능한 임무라는 점을 인정해야 하는가?

이성과 신앙의 대립

이제는 과거처럼 신자들이 철학자들을 자유사상가 또는 무신론자로 여기지는 않는다고 해도, 여전히 이성과 신앙 간의 반목은 매우 깊은 것 같다. 그리고 이것은 단지 신자들만의 생각도 아닌 것 같다. **철학자에게 있어서 종교는 매우 불확실한 것으로 느껴지기 때문**이다. 철학의 역사는 신들에 대한 비판으로 점철된다. 이미 철학의 여명기에 콜로폰의 크세노파네스는 다음과 같이 썼다. 에티오피아인들은 신들의 코가 납작하고 피부는 검다고 말하며, 트라키아인들은 신들의 눈이 푸르고 머리색은 붉다고 말한다. 에피쿠로스는 더 나아가 《메노이케우스에게》를 통해 이성의 이름으로 신들의 존재를 부정한 최초의 철학자들 중의 하나가 된다. 소크라테스의 사형을 초래한 소인들 중의 하나가 신에 대한 모독, 종교의 성(聖)의 훼손('불경건(asêbeia)')이었다는 사실을 상기할 필요가 있다. 따라서 종종 철학은 오직 종교를 부인할 때에만 제기될 수 있는 것 같다. 그 시초부터 기독교는 철학을 거부할 때에만 스스로 유지될 수 있다고 생각했던 것과 마찬가지로 말이다.

철학과 종교 간의 대립은 단지 상황에 따른 것만은 아니다. 그 대립의 중요성 또한 헤아려 보아야 한다. 철학자는 단지 자신에게 불편한 이론적 또는 실천적 규범을 제거하기 위해 종교에 반대하는 것이 아니다. 둘 사이의 갈등의 골은 훨씬 깊고, 그 갈등은 철학자가 **절대**에 대해 가지고 있는 견해에서 기인하는 것 같다. 소크라테스는 무신론자도 비종교인도 아니다. 소크라테스는 자신이 신들을 믿지 않았다는 고소에 대해 "그럴 뻔했다"고 재판

관들 앞에서 외친다. "아테네인들이여, 나의 고소인들 중 그 누구도 믿지 않겠지만, 나는 신의 존재를 믿는다."(플라톤, 《소크라테스의 변명》) 소크라테스는 신들을 믿었지만, '다른 방식'으로 믿었다. **철학자와 신자 간의 논쟁의 핵심은 절대와 신에 대해 다른 견해를 끌어들이는 이 '다른 방식'에 있다.**

철학자들의 신

이 논쟁을 간단히 요약하자면 종교가 의거하고 있는 신은 감정적인 차원, 즉 몇몇 종교역사가들이 말하는 '두려움(tremendum)'의 차원에 위치하고 있다고 말할 수 있다. 신은 인간의 가장 깊고 내밀한 영역에 호소한다. 그는 생명의 약속을 전하는 신이지만, 또한 사형을 선고하는 신이기도 하다. 신과의 관계는 불분명한 표현으로 가득 차 있다. 신과의 관계는 삶 전체를 책임지지만, 종교적 감정의 가장 높은 양상인 신비적인 황홀경에서 가장 타락한 양상인 히스테리로 내려가기도 한다. 한편 철학의 신은 감각의 요구에서 출발하여 이해의 영역에서 추구된다. 그리고 우리는 모든 감정적인 저해 요소들을 버린다고 해도 신과의 만남에서, 또 그와 대화할 때 결코 그를 마주보고 있을 수 없다.

절대를 향한 이 두 개의 길들은 처음부터 갈라지는 것 같고, 겉보기에는 상충되는 것 같다. 그래서 우리는 신자들이 '철학자들의 신'을 거부한다는 사실에, 또 종교의 마음으로 느낄 수 있는 신이 철학자들에게는 우상으로 보인다는 사실에 놀라지 않을 것이다. 게다가 몇몇 철학자들이 종교를 거부하지 않고 종교를 이해하며, 또 철학을 '종교의 본질'로 소개하면서 종교를 축소시킬 때에도 전혀 놀라지 않을 것이다.

2. 철학, 종교의 본질

정신에 내재하는 신

철학자에게 있어서 종교를 해명하고, '정신과 진리 안의 참된 종교'에 도달하고자 하는 욕망은 언제나 대단히 컸다. 따라서 특히 합리주의(스피노자와 같은 철학자들에 의해 빛이 난)의 위대한 전통의 영향을 받은 철학자들은, 모든 현실적인 대종교들이 항상 활용하고 있는 **신인동형론**의 신의 개념을 세련되게 하려고 애를 썼다. 특히 철학자들은 사유와 비교하여 신에게서 외재성을 벗겨 내려고 했다. 이 외재성으로 인해 신은 하나의 사물로 표현되는 경향이 있었다. 따라서 참된 신이 존재할 수 있는 곳은 인간의 내면, 즉 가장 순수한 내재성의 안이다. 따라서 우리는 이러한 신의 관념으로 완전히 귀착되지 않는 신의 실재를 거부해야 한다. 그리고 세계를 창조했건 세계에 동화되었건 신이 세계와 아무런 공동의 척도가 없다면, 그것은 진정으로 실재하는 유일한 실재란 사유, 즉 관념이기 때문이며, 세계는 무의미하고 기만적인 실재이기 때문이다. 따라서 진짜 신은 우리들 안에 있다. 오직 '신과 영혼이 만나는 내재성과 정신성의 단계에 도달한' 숙고 안에서 구원을 찾는 것만이 바람직하다.

이처럼 적어도 어떤 전통에서는 철학적인 인식이 종교를 순진한 상상력으로 치부하면서 손상시키는 것 같다. **철학 안에서 드**

러나는 절대는 근본적으로 종교의 신을 초월하며 신의 본질을 밝힌다. 따라서 종교의 주장들은 계승된다고 해도 그 의미는 근본적으로 바뀐다. 철학은 종교의 본질이며, 철학은 종교보다 더 종교적이고 상상력과 욕망의 케케묵은 투영에서 종교를 해방시킨다. 이러한 일종의 정결 의식은 종교적인 명제들에서 모든 의미를 제거할 정도로 그 영향력이 매우 크다.

철학은 종교의 본질이 아니다

이와 같은 문제 제기 안에서 철학과 종교의 대립은 철학 덕분에 간단히 해결된 것 같다. 그러나 철학 역시 몇몇 철학자들이 말하는 것처럼 분명하고 확실하지는 않다. 스스로 자신의 근거 수준에 있다고 주장하면서, 결정적이고 절대적이길 원하는 철학은 자신의 가능성의 조건을 부정할 때에만 그렇게 될 수 있다. '순수' 사유가 신이라는 절대의 현현(顯現)의 장소로 자처하고, 사유로서의 철학이 종교의 본질로 자임하는 것은 사유와 철학이 자신들의 실제적인 상황을 망각하기 때문이다. 사유는 스스로를 관념적으로 절대적 주체로서 자처하기 위하여 자기 자신을 잊는 경험적 주체의 사유이다. 이 경험적인 주체는 언제나 자기 본체의 그림자, 즉 상상력과 역사의 어둠을 절대적인 주체에 투영하며, 아무런 조건 없이 그것과 결코 동일시될 수 없다. 이 점을 망각하는 철학은 스스로를 부정하는 결과를 낳는다. 결국 **철학은 종교적인 명제 속에 가정된 직접성을 결코 철학 스스로 실현할 수 없다.**

3. 공존의 가능성

철학과 침묵하는 종교

철학적인 지(知)가 종교의 본질이 되기 위해서 종교의 명제들을 되찾을 수는 없을 것이다. 이렇게 철학은 정신과 진리 안의 유일한 종교가 된다. 철학에는 '영원한 생명의 말씀'이 없으며, 철학은 종교가 약속하는 모든 것을 줄 수 없다. 만약 철학이 그렇게 하려고 시도한다면 철학은 철학적인 방식의 현실적인 조건을 망각할 것이고, 우리들과 절대와의 관계는 직접성으로 정의되는 게 아니며 오직 거리두기와 분리 속에서 생각될 수 있다는 사실을 잊게 될 것이다. 그러므로 **철학과 종교 간의 다른 관계 유형을 찾아야 한다.**

철학이 부정성이라면, 철학 고유의 생성은 환원 불가능한 외재성 속에서 종교를 총괄하고 이해하기는커녕 끊임없이 종교를 배척할 것이다. 철학은 종교적인 확실성과 통하지 않는다. 철학자는 자신은 결코 신자가 되지 못할 것이고, 이 문제는 결코 끝나지 않을 것이며, 자신은 종교적인 확실성 안에 안주하지 않을 것을 안다. 그래도 **매개**이고 **부정성**인 철학은 그렇기 때문에 종교와 만나며, 그 관계들이 단순하지 않다 하더라도 철학과 종교는 관계를 맺어야 한다. 철학을 규정하는 매개의 개념에 대해 언급했던 것을 상기해 보면, 거기에서 철학과 종교의 대립 관계를 완화시키는 한 발단을 볼 수 있을 것이다. 물론 직접적인 것이 철학에 직접적으로 주어지지는 않는다. 이것은 **직접적인 것은 언제나 간**

접적으로 적용되고, 언제나 간접적으로 제시된다는 것을 의미한다. 철학은 언제나 자기 자신 이상의 것, 다시 말해 철학 앞에 있지만 결코 도달하여 쉴 수 없는 것을 추구할 때에만 존재한다. 그 이상의 것, 즉 인간은 철학을 정당화한다. 철학은 스스로 추월당한다는 것을 인정할 때에만 존재할 수 있다. 그런데 항상 매개와 연결되어 있는 인간의 상황에서 **종교는 직접성에 대한 희망**이고, 어떤 면에서 신앙은 신자들을 그 직접성으로 안내한다.

직접적인 것에 대한 거부

이제 우리는 어째서 철학자가 종교를 믿지 않는지 이해할 수 있을 것이다. 철학자는 종교적인 사람처럼 직접적인 것을 추구한다. 하지만 그는 철학자이기 때문에 그 안에 정착하기를 포기한다. 철학자는 직접적인 것의 추구를 가능하게 하는 매개들을 결코 넘어서지 못할 것이다. 그리고 철학 전체는 단지 **넘어서는 행위**일 뿐이다. 철학자가 종교를 믿지 않는 것과 마찬가지로 종교는 철학이 자연스럽게 머무를 수 있는 곳이 아니고, 또 그럴 수도 없다. 결국 철학자는 신자에게 심오한 진리를 유익하게 상기시킨다. 단지 이러한 의미에서만 우리는 철학을 종교의 본질이라고 말할 수 있다. 즉 철학자에게 있어서 **종교는 인간이 기울이는 노력과, 즉 인간이기 위해 세계 속에서 인간적으로 살기 위해 기울여야 하는 노력과 분리될 수 없다.** 이와 같은 의미에서 종교는 어느 곳에도 없으며, 또 그러면서 종교는 어디에든지 있기 때문에 인간의 다른 여러 가지 태도들에 덤으로 덧붙여지는 또 하나의 태도가 아니다. 종교는 나의 사유와 삶 각각에 유기적으로 연관되어 있으며, 나 자신을 일개 사물이 아니라 매개와 초월성의 능력이게 하는 것으로서 나의 모든 행동들 안에 존재한다. 따라서 종교는 내가 처하는 모든 상황들에 새로운 징후를 부여한다. 인간이 절대와 마주하기 위해, 즉 인간이 되기 위해 앞으로 자신을 투사해야 할 필요성으로 인한 인간의 유한성의 구체적인 실험 속에서, 철학자에게 종교는 우선적으로 **신에 대한 향수**로 느껴진다. 그리고 철학 스스로는 철학을 규정하는 운동을 완성할 수 없고, 그 안에 최종적으로 정착할 수 없으며, 인간은 진정한 인간이기 위해서 신이기를 포기해야 한다는 점을 종교가 철학자에게 적절하게 상기시킨다.

세계는 신들로 가득 차 있다

따라서 철학은 우리가 종교적이라고 부르는 태도에 의해 극복된다는 점을 인정해야 한다. 그만큼 철학자에게 있어서 인간의 조건은 인간이 어떻게 할 수 없는 진지함과 심각함에 영향을 받는 것으로 보인다. 철학자는 이러한 지평을 향하여 살아갈 것을 받아들이고, 인간의 과정 앞에 나 있는 이 심오함을 항상 기억해야 한다. 나는 끊임없이 추월당하고, 반성과 참여 끝에 언제나 나를 초월해 있는 절대와 대면하고 있는 나 자신을 발견한다. "요리 속에도 신들이 있다"고 노년의 헤라클레이토스는 말했다. 철학과 관련하여 세계에 대한 가장 소박한 견해가 갑자기 생각난다. 세계는 신들로 가득 차 있으며, 이 세계에는 언제나 인간으로 살기 위해 배워야 할 것이 있다는.

종교를 믿는 사람은 우리가 종교에 대해 묘사한 것 속에서 자신의 모습을 알아보지 못할 우려가 있다. 신자들이 보기에 철학은 자연스럽고 말이 없는 종교의 타당성을 인정하지 않는다. 종교의 타당성은, 메를로 퐁티가 말했듯이 세상 속에서 '말과 사물들의 접합부에' 있는 신성한 것을 인정하는 것이다. 신자들이 볼 때, 철학이 신성한 것을 '긴장과 엄숙함의 도래'로 받아들이는 것은 종교를 실제적으로 인정한다는 의미가 아니다. 우리가 언급하고 있는 무언의 종교는 단지 우리의 세계 내의 존재의 이면일 뿐이며, 전적으로 인간적이다. 종교는 인간의 조건을 받아들이는 것이고, 인간 언어의 극한에서 시작되며, 신의 그 어떤 말씀도 함축하지 않는다. 신자는 신에 대해서 언급하고 있는 실증적인 종교와 대면하라고 철학자에게 요구한다. 신이 먼저 발언하여 신 자신에 대해, 그 다음에 인간에 대해 말하기 때문이라고 말이다.

15

신에 대한 경험과 인식

실증적인 종교들, 그리고 이 종교들과 철학과의 관계를 분석하는 일은 매우 어렵고 극복 불가능한 것처럼 느껴진다. 예를 들면 기독교와 같은 대종교는 인간을 직접적인 것에 접근하게 하고, 인간에게 그것의 실증성을 보여 주려고 한다. 철학은 직접적인 것에의 향수만을 불러일으키는 데 반해서 말이다. 실제로 기독교는 계시에 근거를 두고 있으며, 기독교의 신은 내가 지금까지 설명했던 'Deus absconditus,' 즉 보이지 않는 신이 아니다. 다시 말해 매개로 선고받았기 때문에 영원히 나는 보고 싶어하기만 할 그러한 신이 아니다. 기독교의 하나님은 인간에게 구원을 제안하며, 다음과 같은 말씀 안에서 말하고 자신을 드러낸다. "In Ipso vivimus, mouvemur et sumus." "우리는 그 안에서 살고 움직이며 존재한다"고 성 바울은 신에 대해 말한다. 기독교라는 종교는 신 안에서의 삶의 직접성을, 어떤 관점에는 '사전에' 약속하고 실현시킨다. 이미 구현된 이 약속이 어떻게 그 곁에 철학적인 체험과 같은 경험을 존재하도록 내버려둘 수 있겠는가?

1. 철학과 종교적인 경험

철학과 신앙 사이의 딜레마

지금까지 우리는 실증적인 명제의 합리주의 철학이 종교적인 명제를 축소시키면서 타파하는 것을 보여 주었다. 그런데 이제는 종교적인 명제의 실증성이 철학적인 요구들을 근거 없고 쓸데없는 것으로 만드는 듯하다. 이 문제는 해결이 불가능한 것 같다. 다시 말하면 **철학적인 경험을 진지하게 생각하면 종교적인 명제가 허망해 보이고, 종교적인 신앙의 타당성을 긍정하면 철학적인 요구가 쓸데없어진다.** 신자는 철학적인 문제 제기를 종교 자체에 대한 용납할 수 없는 의심으로 이해할 것이다. 그리고 철학자는 신자가 인간의 조건을 잊지 않았는지, 상상 속의 구원을 기다리고 있는 것은 아닌지, 거짓 신을 숭배하지는 않는지 자문할 것이다.

기독교가 사용하고 있는 명제들의 유형에 질문을 해볼 때에만 이 딜레마에서 빠져나올 수 있다. 문제가 되는 것은 신자들이 만나길 바라는 직접적인 것(즉 하나님)에 대해 기독교가 가지고 있는 견해이다. 철학은 이 직접적인 것을 인간의 조건을 포기하지 않는 한 인간은 도달할 수 없는 것으로 상정한다. 반면에 기독교는 인간과 신과의 어떤 관계를 밝히고, 직접적인 것과의 상당한 근접성을 주장한다. 이렇게 긍정되는 인간과 신과의 관계가 철학의 부정성을 배제하는가? 신앙의 체험 안에서 인간이 도달할 수 있다고 말하는 기독교의 직접적인 것은 무엇인가? 기독교의 직접적인 것에 철학적인 부정성을 허용하는 독창적이고 환원 불가능한 개념이 포함되어 있다는 점을 증명할 수 있다면, 종교와 철학은 틀림없이 공존할 수 있을 것이다.

종교적 계시의 본질

종교가 인간 정신의 종교로 입증된다면, 그 종교는 철학이라면 결코 도달하지도 소유하지도 못하는 직접적인 것을 소유한 것으로, 또 자신을 철학의 완성으로 자처할 것이다. 그러나 기독교는 성령의 종교로 자신을 소개한다. 이 성(聖)이라는 형용사가 모든 것을 바꾼다. 기독교가 언급하고 있는 직접적인 것은 철학의 그것이 아님을 나타내기 때문이다. 그것은 철학의 부정성을 없애지 않으면서 종교적인 명제를 가능하게 하는 구조적인 차이이다. 그 이유를 잠시 설명하겠다.

2. 지(知)에서 신앙으로

단절의 경험

철학적인 경험은 인간의 조건 그 중심, 매개 안에 자리를 잡을 때에만 직접적인 것을 추구할 수 있다고 단언하면서 언제나 이성적인 지(知)의 수준에 머무른다. 한편 직접적인 것의 임박과 신의 생명 속으로의 인간의 접근을 주장하는 종교는 언제나 신앙의 범주 속에 놓여 있다. 지(知)에서 **신앙**으로, 정신에서 **성령으로의 이행은 인간의 경험 속에 일종의 단절을 도입한다.** 신앙으로, 신자는 신 안에서 산다. 이러한 종교적인 명제를 매우 진지하게 받아들여야 한다. 신앙으로 시작된, 신과 신자 사이의 관계 유형에서 매개는 정말로 완성되어 없어진다. 신자는 신의 자식이 된다. 종교적인 삶의 세계는 절대적인 직접성의 세계이다. 여기에서 자연적인 삶의 침묵은 현존과 말씀이 된다. 그러나 이러한 존재 양상은 나 자신에게서 나오지 않을 때, 자아에서 유래하지 않을 때에만 나의 것이 될 수 있다. 바로 여기에 **은총의 명제**라는 신학적인 의미가 있다.

은총의 선물

인간은 스스로 확실성 안으로 들어갈 수 없다. 그리고 확실성은 인간 존재와 행위에 내재하는 게 아니라 **믿음 안에서 인간에게 무상으로 제공되는 것이다.** 기독교는 역사적으로 신의 선물이라는 초월성을 지키기 위해 필사적으로 싸워 왔다. 결코 그 선물을 받을 만하지 못한 인간은 오직 그것을 위해 준비할 수 있을 뿐이다. 따라서 인간의 자주적 행동과 신의 현존으로서의 이 선물 사이에는 언제나 단절이 있다. 그래서 나는 신자일 때에도 직접성을 결코 경험하지 못하며, 언제나 철학이 말하는 매개 안에 있다. 믿음이 구원이란 신이 내게 무상으로 주는 것이라고 주장하며, 이러한 상황을 극화하면서 한층 더 강조한다. 구원이 신으로부터 온다는 사실을 인정하려면, 우선 나는 내 안에 매개를 능가할 수 있는 것이 하나도 없다는 점을 인정해야 한다. 따라서 종교는 매우 특별한 **믿음**의 양상에 의해 신자에게 직접성을 제공한다. 직접성은 혼자서는 직접성에 이를 수 없고, 혼자서는 그 부정성만을 경험하는 존재에게 주어지는 선물이다. 신자는 단지 믿음의 행위 속에서 부정성을 초월할 수 있다. 그러므로 기독교적인 생활은 매개를 없애지 않으며, 심지어는 오직 매개 안에서 이 매개로부터 체험할 수 있다. 이러한 차원을 없애는 것은 철학의 가능성을 제거하는 것이며, 믿음에 관한 종교의 중심 명제를 인식하지 못하는 것이다. 이렇게 우리는 종교를 순진함과 착각에 빠지는 일종의 **내재성의 철학**으로 만든다.

단절의 경험

이상이 종교를 향한 철학의 청원인 것 같다. 철학에게는 직접성을 쟁취하고 그 안에 거하기 위한 모든 시도가 순진하고 허망해 보인다. 그처럼 인간이 자신의 구원을 찾는다면, 인간은 실수하고 인간의 실제적인 처지를 망각할 것이다. 인간 안에서는 그와 같은 시도가 하나도 실현될 수 없고, 그래서 종교는 위험한 어리석음이 될 수 있다. 그러나 믿음으로 생기는 확신이 인간이나 인간의 구원의 욕망에서 오는 것이 아니고 신의 선물로서 체험하는 것이라면, 핵심적인 **철학의 경험을 보전하고 진정으로 인간적인 유일한 실증성은 가능하게 된다.** 그러나 믿음은 인간의 자연스런 성숙에 의해서가 아니라, 인간적인 경험과 세계와의 단절에 의해 체험된다. 믿음은 신과 구원에 대해 말할 때, 인간적인 체험을 표현하는 것이 아니라 인간에게 주어지는 선물을 주장한다. 인간의 경험 속에서 그 선물은 전례 없는 신기한 일과 철저한 단절을 끌어들이는 예측 불가능한 무상의 선물이다. 철학자는 그 선물에 대해 뭐라고 말할 수는 없지만, 그것을 비인간적인 것으로 보는 일은 거부한다. 왜냐하면 철학자는 철학 이전과 이후에 인간적인 것이 있다는 사실을 알기 때문이다. 철학은 철학 자신이 아닌 다른 것의 지평 위에서 발생하고 발전하며, 항상 자신을 비껴가는 근거를 추구한다는 사실을 철학자는 알고 있다.

철학의 사망

인간은 절대와 관계 있다는 사실을 이해한다면, 철학자는 이 이해한 것을 철학의 부정성과 매개의 방식으로 경험할 것이다. 그러면 그에게 인간과 절대와의 관계가 실증적으로 이해되고 체험된다고 주장하는 종교적인 믿음이 생길 수도 있을 것이다. **그렇게 되면 그 믿음은 철학의 완성으로서가 아니라, 어떤 면에서는 철학의 사망으로서 주어질 것이다.** 왜냐하면 철학자에게 있어서 믿음은 사유의 한계 너머에 나타나는 것이고, 인간은 자신을 이해하고 세계를 이해하기 위해 세계와의 관계 외에는 그 어떤 다른 방법을 갖고 있지 않기 때문이다. 철학자는 단지 현재의 인간의 존재 형태가 인간 본질의 모든 가능성들을 철저히 고찰하지 않았다고 말할 수 있을 뿐이다. 그러나 철학자에게 있어서 현재의 존재 형태는 인간적으로 존재하는 유일한 방식이다.

신자는 인간의 삶이 신의 존재 안에서 완성되어야 한다고 말한다. 그에 반해서 철학자에게 있어서 인간이란, 중세의 멋진 표현처럼 'veribilis in nihil, 허무의 문턱에 서 있는' 존재이며 언제나 그럴 것이다.

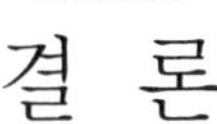

결 론

1. 유한성의 겸손

겸손한 지혜

철학에 대한 이 긴 명상은 마치 무(無)의 문턱에 보초처럼 서 있는 인간의 이미지로 끝이 난다. 우리는 먼 길을 지나왔지만, 그래도 살아가야 하므로 해야 할 일들이 남아 있다. 결국 철학은 '다르게 살기' 위한 예비 과정일 뿐이고, 그날그날 시간의 인내를 가르쳐 주는 **일상의 겸손한 지혜**에 호소한다. 그것은 철학 이전에, 그리고 철학과 함께 오늘과 내일을 사는 것이다.

그렇기는 하지만 우회적인 방법과 거리두기도 무용하지만은 않다. 철학은 인간을 찾지만 발견하지 못한다. 인간은 언제나 철학 앞에, 모든 숙고 너머에, 즉 철학이 출현한 일상의 삶 속에 있기 때문이다. 철학은 인간을 발견하지는 못하지만 적어도 우리에게 어디에서 인간을 찾아야 하는지, 인간과 대면하기 위해서는 무엇에 주의를 기울여야 하는지 가르쳐 준다. 모든 철학적인 시도 초반에는 프로메테우스의 노력과 같을 수도 있지만, 이 탐구의 노력은 끈기 있게 지속됨에 따라 조금씩 **유한성에 대한 겸손**으로 변한다. 사람들이 가치 있다고 생각하는 숙달은 언제나 사전에 주

어짐에도 불구하고 다시 찾고 인간화해야 하는 의미에 대한 동의
와 관심으로 변한다. 철학은 논증과 추론을 위한 공공의 장을 열
면서, 모든 지식이 나타내는 소외의 위험을 피한다. 그리고 철학
은 자신의 인간성을 발견하고 타인을 존중하는 인간의 의무를 이
행하기 시작한다.

철학은 지식이 아니다

철학은 인간을 말하는 데 실패한다. 그러나 이 실패는 절정이
기도 하다. 모든 철학적인 탐구의 지평인 인간의 본질은 정의 속
에 한정되고 갇힐 수 있는 것 같지 않다. 그러한 의미에서 **철학은
인간의 지식이 아니다.** 화가와 비슷하게 철학자는 인간이라는 풍
경을 스케치한다. 하지만 인간은 그 풍경 속에 절대로 나타나지
않는다. 그 풍경 속에는 철학자 모두가 고독하고 긴 밤샘 동안 그
리고 싶어한, 뚜렷한 윤곽과 반듯한 용모의 얼굴이 없다. 그 풍경
속에서 인간은 항상 더욱더 그리운 지평이요, 언제나 길을 잃어
정확하게 방향을 잡을 수 없을 것처럼 느끼게 하는 지평이다. 이
부재하는 지평은 화가의 시선과 손 안에 있으며, 세계를 창조하
고 또 계속해서 창조하는 것은 바로 그 시선과 손이다. 우리는 인
간에 대해 아무 말도 할 수 없다. 왜냐하면 인간은 모든 것이고,
그 어떤 것이기도 하기 때문이다. 그것은 메를로 퐁티의 표현처
럼 언제나 인간보다 조금 더하기도 하고 조금 덜하기도 하다. 어
쨌든 역사 속에서 결코 길을 잃지 않고 자기 실현을 하는 인간은
초월성의 존재이어야 한다고 말할 수 있다. 그리고 이 역사와 초
월성은 인간이 단지 존재의 자유로움 속에서 인간 자신에게 주어
졌기 때문에 가능하다. 따라서 인간은 마치 자신이 인간이 아닌

것처럼 행동하면서 유한성을 피하려고 하는 일 없이, 자신의 유한성을 인정하고 각인해야 한다. 살아 있는 인간 모두에게 있어서 이 유한성을 인정하고 거기에 충실하는 것은, 시간에 대한 관심으로서 나타나는 윤리적인 기획의 윤곽을 그리는 일이다. 자유는 언제나 경이로운 현재와의 일치 안에서 자신의 과거를 수용하며, 언제나 새로운 미래의 인류를 창조한다.

2. 인간성의 특징 찾기

더불어 살기

오랜 역사 속에서 기억이 사라지지 않게 하기 위해, 인간이 현재의 불투명성 또는 미래의 유혹 속에서 자신을 망각하지 않게 하기 위해 철학은 망각에 맞서 투쟁하는 의지를 보여 주었다. 이 시간의 반복 속에서, 인간은 종 특유의 보편적인 인간성을 발견하는 동시에 개개인의 인간성에 접근한다. 기억하는 인간 개개인은 스스로가 절대적인 시작이 아니라는 사실을 발견하는 동시에, 스스로 새로운 의미의 창조자가 된다. 이렇게 인간은 불연속적인 의미로서 계속되는 삶, 즉 집단의 삶 속에 동화된다. 그것은 사랑 안에서 완성되는 진실한 만남 속에 수용될 수 없는 이타성이 아니다. 인간은 미래의 모든 가능성에 대해 열려 있고, 다가오는 죽음을 무효화한다.

삶의 깊이

이 인류의 끝없는 작업에서 철학자는 확신도 보증도 얻지 못한다. 철학자의 임무는 안심시키거나 위안하는 것이 아니다. 위안이 되는 진리란 없기 때문이다. 삶의 한가운데에서 철학은 가장 혼란스러운 관점으로 또 다른 시각을 제시한다. **실제 삶은 삶보다 더 심오하다**고 말이다. 철학자는 좋은 소식을 갖고 있지 않으며, 더 잘 산다고 또는 다르게 산다고 우쭐대지도 않는다. 철학자는 우리가 살고 있는 삶이 어떠하든지간에, 단지 역사의 필연성과 초월적인 과업 속에 드러나는 인간의 유한성에 주의를 기울여야 한다고 말한다. 철학자는 세계와 행동을 진지하게 받아들여야 한다고 인간 개개인에게 상기시킨다. 바로 그곳에서 인간이 자신들의 인간성을 손수 만들어 내기 때문이다. 철학자는 모두가 자기 '인간성의 무게' 만큼 가치가 있기 때문에 무의미하고 공짜인 또는 가치 없는 행위는 없다고, 인간적인 것을(심지어는 비인간적인 것도) 하나도 잃지 말아야 한다고, 인간의 모든 모습은 그 인간에 대해서 말하고 있다고 덧붙인다. 인간은 세계에 현혹되지 않기 위해, 다른 것 안에서 태어나고 자신을 알아보기 위해, 덧없는 착각 속에 빠지지 않기 위해 끊임없이 노력해야 한다고 철학자는 말한다. 마지막으로 철학자는 역사와 초월성의 운동에서 **타인의 모습이 본질적인 길이라고**, 도처에서 모두에게 반복하며 떠난다. 언제나 타인은 내가 만나는 다른 것이며, 내가 설정하는 나이다. 왜냐하면 나는 오직 타인에게 나를 보이면서만 나의 위치를 정할 수 있고, 타인과 대립해서는 결코 나의 위치를 정할 수 없기 때문이다. 이렇게 모든 인간성의 학습은 관용과 화해이며, 여러 명의 합창과 같은 인간성을 인정하는 일이다.

경계의 의무

이상이 철학자의 역할이라고 한다면, 우리는 왜 철학자가 종종 '삶의 흥을 깨는 사람'으로 여겨지는지 이해할 수 있을 것이다. **철학자는 단순히 사는 것에 만족해서는 안 되고, 삶 속에 일종의 '경계'를 정착시켜야 한다고 끊임없이 상기시키기 때문이다.** 실제로 인간은 인간의 안이 아니라 인간의 지평과 같은 인간의 이전 속에 있다. 그리고 인간은 자신의 동물성을 수용하고 극복할 때에만 인간성을 쟁취할 수 있다. 이러한 쟁취는 언제나 부분적이고 부차적이며 임시적이다. 철학자는 마치 충직한 개처럼 모든 인간성의 특징들을 찾아내어서, 희망의 징후들인 것처럼 그것들을 하나씩 더듬어 읽는다. 바로 여기에 철학자의 위대함과 고통이 있다. 철학자는 인간의 모습을 그려내면서 결핍의 상처를 드러낸다. 실제로 인간은

서로 이해한다. 세계를 말하고 있으므로
세계 속에서 인간은 아무 스스럼 없이 어울리고 사랑하지만
불현듯 상처를 깨닫는다. 결핍의 상처를

(주브, 《잃어버린 천국》)

더 읽어볼 책들

ALQUIÉF., *Signification de la philosophie*, Paris, Hachette, 1971.

BERGSON H., *La Pensée et le Mouvant*, Paris, F. Alcan, 1934.

Comte A., *Cours de philosophie positive*(Leçons 1 et 2) in *Oeuvres choisies*, Paris, Aubier,1934.

CONCHES M., *Orientation philosophique*, Paris, Mégare, 1971.

DESCARTES R., *Discours de la méthode*, Paris, GF-Flammarion, n°109.

——, *Méditations métaphysiques*, Paris, GF-Flammarion, n°328.

FOUGEYROLLAS P., *La Philosophie en question*, Paris, Denoël.

GRENIER H., *La Connaissance philosophique*, Paris, Masson, 1973.

HUME D., *Enquête sur l'entendement humain*, Paris, GF-Flammarion, n°343.

HUSSERL E., *La Philosophie comme science rigoureuse*, Paris, PUF.

JASPERS K., *Introduction à la philosophie*, Paris, 10/18.

KANT E., *Critique de la raison pure*(préface de la 2e édition), Paris, GF-Flammarion, n°257.

——, *Prolégomènes toute métaphysique future*, Paris, Vrin, 1963.

MERLEAU-PONTY M., *Éloge de la philosophie*, Paris, Gallimard, 1953.

PLATON, *Gorgias*, Paris, GF-Flammarion, n°465.

——, *Théétète*, Paris, GF-Flammarion, n°163.

VOILQUIN J. (traducteur), *Les Penseurs grecs avant Socrate*, Paris, GF-Flammarion, n°31.

VOLTAIRE, *Dictionnaire philosophique*, Paris, GF-Flammarion, n°28.

색 인

박선주
세종대학교 국어국문학과 졸업
이화여자대학교 통번역대학원 한불번역과 졸업
현재 건국대학교 번역센터와 한국몬테소리에서
프리랜서 번역가로 활동중

철학에 입문하기

초판발행 : 2003년 8월 20일

지은이 : 이브 카탱
옮긴이 : 박선주
총편집 : 韓仁淑
펴낸곳 : 東文選
제10-64호, 78. 12. 16 등록
110-300 서울 종로구 관훈동 74
전화 : 737-2795

편집설계 : 朴 月, 李惠允

ISBN 89-8038-436-X 94100
ISBN 89-8038-050-X (현대신서)

【東文選 現代新書】
 1 21세기를 위한 새로운 엘리트   FORESEEN 연구소 / 김경현   7,000원
 2 의지, 의무, 자유 ─ 주제별 논술   L. 밀러 / 이대회   6,000원
 3 사유의 패배   A. 핑켈크로트 / 주태환   7,000원
 4 문학이론   J. 컬러 / 이은경 · 임옥희   7,000원
 5 불교란 무엇인가   D. 키언 / 고길환   6,000원
 6 유대교란 무엇인가   N. 솔로몬 / 최창모   6,000원
 7 20세기 프랑스철학   E. 매슈스 / 김종갑   8,000원
 8 강의에 대한 강의   P. 부르디외 / 현택수   6,000원
 9 텔레비전에 대하여   P. 부르디외 / 현택수   7,000원
10 고고학이란 무엇인가   P. 반 / 박범수   8,000원
11 우리는 무엇을 아는가   T. 나겔 / 오영미   5,000원
12 에쁘롱 ─ 니체의 문체들   J. 데리다 / 김다은   7,000원
13 히스테리 사례분석   S. 프로이트 / 태혜숙   7,000원
14 사랑의 지혜   A. 핑켈크로트 / 권유현   6,000원
15 일반미학   R. 카이유와 / 이경자   6,000원
16 본다는 것의 의미   J. 버거 / 박범수   10,000원
17 일본영화사   M. 테시에 / 최은미   7,000원
18 청소년을 위한 철학교실   A. 자카르 / 장혜영   7,000원
19 미술사학 입문   M. 포인턴 / 박범수   8,000원
20 클래식   M. 비어드 · J. 헨더슨 / 박범수   6,000원
21 정치란 무엇인가   K. 미노그 / 이정철   6,000원
22 이미지의 폭력   O. 몽젱 / 이은민   8,000원
23 청소년을 위한 경제학교실   J. C. 드루엥 / 조은미   6,000원
24 순진함의 유혹〔메디시스賞 수상작〕   P. 브뤼크네르 / 김웅권   9,000원
25 청소년을 위한 이야기 경제학   A. 푸르상 / 이은민   8,000원
26 부르디외 사회학 입문   P. 보네위츠 / 문경자   7,000원
27 돈은 하늘에서 떨어지지 않는다   K. 아른트 / 유영미   6,000원
28 상상력의 세계사   R. 보이아 / 김웅권   9,000원
29 지식을 교환하는 새로운 기술   A. 벵토릴라 外 / 김혜경   6,000원
30 니체 읽기   R. 비어즈워스 / 김웅권   6,000원
31 노동, 교환, 기술 ─ 주제별 논술   B. 데코사 / 신은영   6,000원
32 미국만들기   R. 로티 / 임옥희   10,000원
33 연극의 이해   A. 쿠프리 / 장혜영   8,000원
34 라틴문학의 이해   J. 가야르 / 김교신   8,000원
35 여성적 가치의 선택   FORESEEN연구소 / 문신원   7,000원
36 동양과 서양 사이   L. 이리가라이 / 이은민   7,000원
37 영화와 문학   R. 리처드슨 / 이형식   8,000원
38 분류하기의 유혹 ─ 생각하기와 조직하기   G. 비뇨 / 임기대   7,000원
39 사실주의 문학의 이해   G. 라루 / 조성애   8,000원
40 윤리학 ─ 악에 대한 의식에 관하여   A. 바디우 / 이종영   7,000원
41 흙과 재〔소설〕   A. 라히미 / 김주경   6,000원

42 진보의 미래   D. 르쿠르 / 김영선   6,000원
43 중세에 살기   J. 르 고프 外 / 최애리   8,000원
44 쾌락의 횡포·상   J. C. 기유보 / 김웅권   10,000원
45 쾌락의 횡포·하   J. C. 기유보 / 김웅권   10,000원
46 운디네와 지식의 불   B. 데스파냐 / 김웅권   8,000원
47 이성의 한가운데에서 — 이성과 신앙   A. 퀴노 / 최은영   6,000원
48 도덕적 명령   FORESEEN 연구소 / 우강택   6,000원
49 망각의 형태   M. 오제 / 김수경   6,000원
50 느리게 산다는 것의 의미·1   P. 쌍소 / 김주경   7,000원
51 나만의 자유를 찾아서   C. 토마스 / 문신원   6,000원
52 음악적 삶의 의미   M. 존스 / 송인영   근간
53 나의 철학 유언   J. 기통 / 권유현   8,000원
54 타르튀프 / 서민귀족 〔희곡〕   몰리에르 / 덕성여대극예술비교연구회   8,000원
55 판타지 공장   A. 플라워즈 / 박범수   10,000원
56 홍수·상 〔완역판〕   J. M. G. 르 클레지오 / 신미경   8,000원
57 홍수·하 〔완역판〕   J. M. G. 르 클레지오 / 신미경   8,000원
58 일신교 — 성경과 철학자들   E. 오르티그 / 전광호   6,000원
59 프랑스 시의 이해   A. 바이양 / 김다은·이혜지   8,000원
60 종교철학   J. P. 힉 / 김희수   10,000원
61 고요함의 폭력   V. 포레스테 / 박은영   8,000원
62 고대 그리스의 시민   C. 모세 / 김덕희   7,000원
63 미학개론 — 예술철학입문   A. 셰퍼드 / 유호전   10,000원
64 논증 — 담화에서 사고까지   G. 비뇨 / 임기대   6,000원
65 역사 — 성찰된 시간   F. 도스 / 김미겸   7,000원
66 비교문학개요   F. 클로동·K. 아다-보트링 / 김정란   8,000원
67 남성지배   P. 부르디외 / 김용숙   개정판 10,000원
68 호모사피언스에서 인터렉티브인간으로   FORESEEN 연구소 / 공나리   8,000원
69 상투어 — 언어·담론·사회   R. 아모시·A. H. 피에로 / 조성애   9,000원
70 우주론이란 무엇인가   P. 코올즈 / 송형석   근간
71 푸코 읽기   P. 빌루에 / 나길래   8,000원
72 문학논술   J. 파프·D. 로쉬 / 권종분   8,000원
73 한국전통예술개론   沈雨晟   10,000원
74 시학 — 문학 형식 일반론 입문   D. 퐁텐 / 이용주   8,000원
75 진리의 길   A. 보다르 / 김승철·최정아   9,000원
76 동물성 — 인간의 위상에 관하여   D. 르스텔 / 김승철   6,000원
77 랑가쥐 이론 서설   L. 옐름슬레우 / 김용숙·김혜련   10,000원
78 잔혹성의 미학   F. 토넬리 / 박형섭   9,000원
79 문학 텍스트의 정신분석   M. J. 벨멩-노엘 / 심재중·최애영   9,000원
80 무관심의 절정   J. 보드리야르 / 이은민   8,000원
81 영원한 황홀   P. 브뤼크네르 / 김웅권   9,000원
82 노동의 종말에 반하여   D. 슈나페르 / 김교신   6,000원
83 프랑스영화사   J. -P. 장콜라 / 김혜련   8,000원

84 조와(弔蛙)	金敎臣 / 노치준·민혜숙	8,000원
85 역사적 관점에서 본 시네마	J. -L. 뢰트라 / 곽노경	8,000원
86 욕망에 대하여	M. 슈벨 / 서민원	8,000원
87 산다는 것의 의미·1—여분의 행복	P. 쌍소 / 김주경	7,000원
88 철학 연습	M. 아롱델-로오 / 최은영	8,000원
89 삶의 기쁨들	D. 노게 / 이은민	6,000원
90 이탈리아영화사	L. 스키파노 / 이주현	8,000원
91 한국문화론	趙興胤	10,000원
92 현대연극미학	M. -A. 샤르보니에 / 홍지화	8,000원
93 느리게 산다는 것의 의미·2	P. 쌍소 / 김주경	7,000원
94 진정한 모럴은 모럴을 비웃는다	A. 에슈고엔 / 김웅권	8,000원
95 한국종교문화론	趙興胤	10,000원
96 근원적 열정	L. 이리가라이 / 박정오	9,000원
97 라캉, 주체 개념의 형성	B. 오질비 / 김 석	9,000원
98 미국식 사회 모델	J. 바이스 / 김종명	7,000원
99 소쉬르와 언어과학	P. 가데 / 김용숙·임정혜	10,000원
100 철학적 기본 개념	R. 페르버 / 조국현	8,000원
101 철학자들의 동물원	A. L. 브라-쇼파르 / 문신원	근간
102 글렌 굴드, 피아노 솔로	M. 슈나이더 / 이창실	7,000원
103 문학비평에서의 실험	C. S. 루이스 / 허 종	8,000원
104 코뿔소 〔희곡〕	E. 이오네스코 / 박형섭	8,000원
105 지각 — 감각에 관하여	R. 바르바라 / 공정아	근간
106 철학이란 무엇인가	E. 크레이그 / 최생열	근간
107 경제, 거대한 사탄인가?	P. -N. 지로 / 김교신	7,000원
108 딸에게 들려 주는 작은 철학	R. 시몬 셰퍼 / 안상원	7,000원
109 도덕에 관한 에세이	C. 로슈·J. -J. 바레르 / 고수현	6,000원
110 프랑스 고전비극	B. 클레망 / 송민숙	8,000원
111 고전수사학	G. 위딩 / 박성철	10,000원
112 유토피아	T. 파코 / 조성애	7,000원
113 쥐비알	A. 자르댕 / 김남주	7,000원
114 증오의 모호한 대상	J. 아순 / 김승철	8,000원
115 개인—주체철학에 대한 고찰	A. 르노 / 장정아	7,000원
116 이슬람이란 무엇인가	M. 루스벤 / 최생열	8,000원
117 테러리즘의 정신	J. 보드리야르 / 배영달	8,000원
118 역사란 무엇인가	존 H. 아널드 / 최생열	8,000원
119 느리게 산다는 것의 의미·3	P. 쌍소 / 김주경	7,000원
120 문학과 정치 사상	P. 페티티에 / 이종민	8,000원
121 가장 아름다운 하나님 이야기	A. 보테르 外 / 주태환	8,000원
122 시민 교육	P. 카니베즈 / 박주원	9,000원
123 스페인영화사	J.- C. 스갱 / 정동섭	8,000원
124 인터넷상에서—행동하는 지성	H. L. 드레퓌스 / 정혜욱	9,000원
125 내 몸의 신비—세상에서 가장 큰 기적	A. 지오르당 / 이규식	7,000원

10	중국예술정신	徐復觀 / 權德周 外	24,000원
11	中國古代書史	錢存訓 / 金允子	14,000원
12	이미지 — 시각과 미디어	J. 버거 / 편집부	12,000원
13	연극의 역사	P. 하트놀 / 沈雨晟	12,000원
14	詩 論	朱光潛 / 鄭相泓	22,000원
15	탄트라	A. 무케르지 / 金龜山	16,000원
16	조선민족무용기본	최승희	15,000원
17	몽고문화사	D. 마이달 / 金龜山	8,000원
18	신화 미술 제사	張光直 / 李 徹	10,000원
19	아시아 무용의 인류학	宮尾慈良 / 沈雨晟	20,000원
20	아시아 민족음악순례	藤井知昭 / 沈雨晟	5,000원
21	華夏美學	李澤厚 / 權 瑚	15,000원
22	道	張立文 / 權 瑚	18,000원
23	朝鮮의 占卜과 豫言	村山智順 / 金禧慶	15,000원
24	원시미술	L. 아담 / 金仁煥	16,000원
25	朝鮮民俗誌	秋葉隆 / 沈雨晟	12,000원
26	神話의 이미지	J. 캠벨 / 扈承喜	근간
27	原始佛敎	中村元 / 鄭泰爀	8,000원
28	朝鮮女俗考	李能和 / 金尙憶	24,000원
29	朝鮮解語花史(조선기생사)	李能和 / 李在崑	25,000원
30	조선창극사	鄭魯湜	17,000원
31	동양회화미학	崔炳植	18,000원
32	性과 결혼의 민족학	和田正平 / 沈雨晟	9,000원
33	農漁俗談辭典	宋在璇	12,000원
34	朝鮮의 鬼神	村山智順 / 金禧慶	12,000원
35	道敎와 中國文化	葛兆光 / 沈揆昊	15,000원
36	禪宗과 中國文化	葛兆光 / 鄭相泓·任炳權	8,000원
37	오페라의 역사	L. 오레이 / 류연희	18,000원
38	인도종교미술	A. 무케르지 / 崔炳植	14,000원
39	힌두교의 그림언어	안넬리제 外 / 全在星	9,000원
40	중국고대사회	許進雄 / 洪 熹	30,000원
41	중국문화개론	李宗桂 / 李宰碩	23,000원
42	龍鳳文化源流	王大有 / 林東錫	25,000원
43	甲骨學通論	王宇信 / 李宰碩	근간
44	朝鮮巫俗考	李能和 / 李在崑	20,000원
45	미술과 페미니즘	N. 부루드 外 / 扈承喜	9,000원
46	아프리카미술	P. 윌레뜨 / 崔炳植	절판
47	美의 歷程	李澤厚 / 尹壽榮	28,000원
48	曼茶羅의 神들	立川武藏 / 金龜山	19,000원
49	朝鮮歲時記	洪錫謨 外/李錫浩	30,000원
50	하 상	蘇曉康 外 / 洪 熹	절판
51	武藝圖譜通志 實技解題	正 祖 / 沈雨晟·金光錫	15,000원

52 古文字學 첫걸음	李學勤 / 河永三	14,000원
53 體育美學	胡小明 / 閔永淑	10,000원
54 아시아 美術의 再發見	崔炳植	9,000원
55 曆과 占의 科學	永田久 / 沈雨晟	8,000원
56 中國小學史	胡奇光 / 李宰碩	20,000원
57 中國甲骨學史	吳浩坤 外 / 梁東淑	35,000원
58 꿈의 철학	劉文英 / 河永三	22,000원
59 女神들의 인도	立川武藏 / 金龜山	19,000원
60 性의 역사	J. L. 플랑드렝 / 편집부	18,000원
61 쉬르섹슈얼리티	W. 챠드윅 / 편집부	10,000원
62 여성속담사전	宋在璇	18,000원
63 박재서희곡선	朴栽緒	10,000원
64 東北民族源流	孫進己 / 林東錫	13,000원
65 朝鮮巫俗의 研究(상·하)	赤松智城·秋葉隆 / 沈雨晟	28,000원
66 中國文學 속의 孤獨感	斯波六郎 / 尹壽榮	8,000원
67 한국사회주의 연극운동사	李康列	8,000원
68 스포츠인류학	K. 블랑챠드 外 / 박기동 外	12,000원
69 리조복식도감	리팔찬	20,000원
70 娼 婦	A. 꼬르벵 / 李宗旼	22,000원
71 조선민요연구	高晶玉	30,000원
72 楚文化史	張正明 / 南宗鎭	26,000원
73 시간, 욕망, 그리고 공포	A. 코르뱅 / 변기찬	18,000원
74 本國劍	金光錫	40,000원
75 노트와 반노트	E. 이오네스코 / 박형섭	20,000원
76 朝鮮美術史研究	尹喜淳	7,000원
77 拳法要訣	金光錫	30,000원
78 艸衣選集	艸衣意恂 / 林鍾旭	20,000원
79 漢語音韻學講義	董少文 / 林東錫	10,000원
80 이오네스코 연극미학	C. 위베르 / 박형섭	9,000원
81 중국문자훈고학사전	全廣鎭 편역	23,000원
82 상말속담사전	宋在璇	10,000원
83 書法論叢	沈尹默 / 郭魯鳳	8,000원
84 침실의 문화사	P. 디비 / 편집부	9,000원
85 禮의 精神	柳肅 / 洪熹	20,000원
86 조선공예개관	沈雨晟 편역	30,000원
87 性愛의 社會史	J. 솔레 / 李宗旼	18,000원
88 러시아미술사	A. I. 조토프 / 이건수	22,000원
89 中國書藝論文選	郭魯鳳 選譯	25,000원
90 朝鮮美術史	關野貞 / 沈雨晟	근간
91 美術版 탄트라	P. 로슨 / 편집부	8,000원
92 군달리니	A. 무케르지 / 편집부	9,000원
93 카마수트라	바짜야나 / 鄭泰爀	18,000원

94	중국언어학총론	J. 노먼 / 全廣鎭	18,000원
95	運氣學說	任應秋 / 李宰碩	15,000원
96	동물속담사전	宋在璇	20,000원
97	자본주의의 아비투스	P. 부르디외 / 최종철	10,000원
98	宗敎學入門	F. 막스 뮐러 / 金龜山	10,000원
99	변 화	P. 바츨라빅크 外 / 박인철	10,000원
100	우리나라 민속놀이	沈雨晟	15,000원
101	歌訣(중국역대명언경구집)	李宰碩 편역	20,000원
102	아니마와 아니무스	A. 융 / 박해순	8,000원
103	나, 너, 우리	L. 이리가라이 / 박정오	12,000원
104	베케트연극론	M. 푸크레 / 박형섭	8,000원
105	포르노그래피	A. 드워킨 / 유혜련	12,000원
106	셸 링	M. 하이데거 / 최상욱	12,000원
107	프랑수아 비용	宋 勉	18,000원
108	중국서예 80제	郭魯鳳 편역	16,000원
109	性과 미디어	W. B. 키 / 박해순	12,000원
110	中國正史朝鮮列國傳(전2권)	金聲九 편역	120,000원
111	질병의 기원	T. 매큐언 / 서 일 · 박종연	12,000원
112	과학과 젠더	E. F. 켈러 / 민경숙 · 이현주	10,000원
113	물질문명 · 경제 · 자본주의	F. 브로델 / 이문숙 外	절판
114	이탈리아인 태고의 지혜	G. 비코 / 李源斗	8,000원
115	中國武俠史	陳 山 / 姜鳳求	18,000원
116	공포의 권력	J. 크리스테바 / 서민원	23,000원
117	주색잡기속담사전	宋在璇	15,000원
118	죽음 앞에 선 인간(상 · 하)	P. 아리에스 / 劉仙子	각권 8,000원
119	철학에 대하여	L. 알튀세르 / 서관모 · 백승욱	12,000원
120	다른 곳	J. 데리다 / 김다은 · 이혜지	10,000원
121	문학비평방법론	D. 베르제 外 / 민혜숙	12,000원
122	자기의 테크놀로지	M. 푸코 / 이희원	16,000원
123	새로운 학문	G. 비코 / 李源斗	22,000원
124	천재와 광기	P. 브르노 / 김웅권	13,000원
125	중국은사문화	馬 華 · 陳正宏 / 강경범 · 천현경	12,000원
126	푸코와 페미니즘	C. 라마자노글루 外 / 최 영 外	16,000원
127	역사주의	P. 해밀턴 / 임옥희	12,000원
128	中國書藝美學	宋 民 / 郭魯鳳	16,000원
129	죽음의 역사	P. 아리에스 / 이종민	18,000원
130	돈속담사전	宋在璇 편	15,000원
131	동양극장과 연극인들	김영무	15,000원
132	生育神과 性巫術	宋兆麟 / 洪 熹	20,000원
133	미학의 핵심	M. M. 이턴 / 유호전	20,000원
134	전사와 농민	J. 뒤비 / 최생열	18,000원
135	여성의 상태	N. 에니크 / 서민원	22,000원

136	중세의 지식인들	J. 르 고프 / 최애리	18,000원
137	구조주의의 역사(전4권)	F. 도스 / 김웅권 外 I·Ⅱ·Ⅳ 15,000원 / Ⅲ	18,000원
138	글쓰기의 문제해결전략	L. 플라워 / 원진숙·황정현	20,000원
139	음식속담사전	宋在璇 편	16,000원
140	고전수필개론	權 瑚	16,000원
141	예술의 규칙	P. 부르디외 / 하태환	23,000원
142	"사회를 보호해야 한다"	M. 푸코 / 박정자	20,000원
143	페미니즘사전	L. 터틀 / 호승희·유혜련	26,000원
144	여성심벌사전	B. G. 워커 / 정소영	근간
145	모데르니테 모데르니테	H. 메쇼닉 / 김다은	20,000원
146	눈물의 역사	A. 뱅상뷔포 / 이자경	18,000원
147	모더니티입문	H. 르페브르 / 이종민	24,000원
148	재생산	P. 부르디외 / 이상호	18,000원
149	종교철학의 핵심	W. J. 웨인라이트 / 김희수	18,000원
150	기호와 몽상	A. 시몽 / 박형섭	22,000원
151	융분석비평사전	A. 새뮤얼 外 / 민혜숙	16,000원
152	운보 김기창 예술론연구	최병식	14,000원
153	시적 언어의 혁명	J. 크리스테바 / 김인환	20,000원
154	예술의 위기	Y. 미쇼 / 하태환	15,000원
155	프랑스사회사	G. 뒤프 / 박 단	16,000원
156	중국문예심리학사	劉偉林 / 沈揆昊	30,000원
157	무지카 프라티카	M. 캐넌 / 김혜중	25,000원
158	불교산책	鄭泰爀	20,000원
159	인간과 죽음	E. 모랭 / 김명숙	23,000원
160	地中海(전5권)	F. 브로델 / 李宗旼	근간
161	漢語文字學史	黃德實·陳秉新 / 河永三	24,000원
162	글쓰기와 차이	J. 데리다 / 남수인	28,000원
163	朝鮮神事誌	李能和 / 李在崑	근간
164	영국제국주의	S. C. 스미스 / 이태숙·김종원	16,000원
165	영화서술학	A. 고드로·F. 조스트 / 송지연	17,000원
166	美學辭典	사사키 겡이치 / 민주식	22,000원
167	하나이지 않은 성	L. 이리가라이 / 이은민	18,000원
168	中國歷代書論	郭魯鳳 譯註	25,000원
169	요가수트라	鄭泰爀	15,000원
170	비정상인들	M. 푸코 / 박정자	25,000원
171	미친 진실	J. 크리스테바 外 / 서민원	25,000원
172	디스탱숑(상·하)	P. 부르디외 / 이종민	근간
173	세계의 비참(전3권)	P. 부르디외 外 / 김주경	각권 26,000원
174	수묵의 사상과 역사	崔炳植	근간
175	파스칼적 명상	P. 부르디외 / 김웅권	22,000원
176	지방의 계몽주의	D. 로슈 / 주명철	30,000원
177	이혼의 역사	R. 필립스 / 박범수	25,000원

【기 타】

■ 노블레스 오블리주　　　　　　현택수 사회비평집　　　　　　　　7,500원
■ 미래를 원한다　　　　　　　　J. D. 로스네 / 문　선·김덕희　　　8,500원
■ 사랑의 존재　　　　　　　　　한용운　　　　　　　　　　　　　3,000원
■ 산이 높으면 마땅히 우러러볼 일이다　　　　유　향 / 임동석　　5,000원
■ 서기 1000년과 서기 2000년 그 두려움의 흔적들　J. 뒤비 / 양영란　8,000원
■ 서비스는 유행을 타지 않는다　B. 바게트 / 정소영　　　　　　5,000원
■ 선종이야기　　　　　　　　　홍　회 편저　　　　　　　　　　8,000원
■ 섬으로 흐르는 역사　　　　　김영희　　　　　　　　　　　　10,000원
■ 세계사상　　　　　　　　　　창간호~3호: 각권 10,000원 / 4호: 14,000원
■ 십이속상도안집　　　　　　　편집부　　　　　　　　　　　　8,000원
■ 어린이 수묵화의 첫걸음(전6권)　趙　陽 / 편집부　　　　　각권 5,000원
■ 오늘 다 못다한 말은　　　　　이외수 편　　　　　　　　　　7,000원
■ 오블라디 오블라다, 인생은 브래지어 위를 흐른다　무라카미 하루키 / 김난주　7,000원
■ 인생은 앞유리를 통해서 보라　B. 바게트 / 박해순　　　　　　5,000원
■ 잠수복과 나비　　　　　　　　J. D. 보비 / 양영란　　　　　　6,000원
■ 천연기념물이 된 바보　　　　최병식　　　　　　　　　　　　7,800원
■ 原本 武藝圖譜通志　　　　　　正祖 命撰　　　　　　　　　　60,000원
■ 隷字編　　　　　　　　　　　洪鈞陶　　　　　　　　　　　　40,000원
■ 테오의 여행 (전5권)　　　　　C. 클레망 / 양영란　　　　　각권 6,000원
■ 한글 설원 (상·중·하)　　　　임동석 옮김　　　　　　　　각권 7,000원
■ 한글 안자춘추　　　　　　　　임동석 옮김　　　　　　　　　8,000원
■ 한글 수신기 (상·하)　　　　　임동석 옮김　　　　　　　　각권 8,000원

　　【이외수 작품집】
■ 겨울나기　　　　　　　　　　창작소설　　　　　　　　　　7,000원
■ 그대에게 던지는 사랑의 그물　에세이　　　　　　　　　　　7,000원
■ 그리움도 화석이 된다　　　　시화집　　　　　　　　　　　6,000원
■ 꿈꾸는 식물　　　　　　　　장편소설　　　　　　　　　　7,000원
■ 내 잠 속에 비 내리는데　　　에세이　　　　　　　　　　　7,000원
■ 들 개　　　　　　　　　　　장편소설　　　　　　　　　　7,000원
■ 말더듬이의 겨울수첩　　　　　에스프리모음집　　　　　　　7,000원
■ 벽오금학도　　　　　　　　　장편소설　　　　　　　　　　7,000원
■ 장수하늘소　　　　　　　　　창작소설　　　　　　　　　　7,000원
■ 칼　　　　　　　　　　　　　장편소설　　　　　　　　　　7,000원
■ 풀꽃 술잔 나비　　　　　　　서정시집　　　　　　　　　　4,000원
■ 황금비늘 (1·2)　　　　　　　장편소설　　　　　　　　　각권 7,000원

東文選 現代新書 1

21세기를 위한 새로운 엘리트

FORSEEN 연구소 (프)

김경현 옮김

우리 사회의 미래를 누르고 있는 경제적·사회적 그리고 도덕적 불확실성과 격변하는 세계에서 새로운 지표들을 찾는 어려움은 엘리트들의 역할과 책임에 대한 재고를 요구한다.

엘리트의 쇄신은 불가피하다. 미래의 지도자들은 어떠한 모습을 갖게 될 것인가? 그들은 어떠한 조건하의 위기 속에서 흔들린 그들의 신뢰도를 다시금 회복할 수 있을 것인가? 기업의 경영을 위해 어떠한 변화를 기대해야 할 것인가? 미래의 결정자들을 위해서 어떠한 교육이 필요한가? 다가오는 시대의 의사결정자들에게 필요한 자질들은 어떠한 것들일까?

이 한 권의 연구보고서는 21세기를 이끌어 나갈 엘리트들에 대한 기대와 조건분석을 시도하고 있으며, 구체적으로 그들이 담당할 역할과 반드시 갖추어야 될 미래에 대한 비전을 제시하고 있다.

본서는 프랑스의 세계적인 커뮤니케이션 그룹인 아바스 그룹 산하의 포르셍 연구소에서 펴낸 《미래에 대한 예측총서》 중의 하나이다. 63개국에 걸친 연구원들의 활동을 바탕으로 세계적인 차원에서 우리 사회를 변화시키게 될 여러 가지 추세들을 깊숙이 파악하고 있다.

사회학적 추세를 연구하는 포르셍 연구소의 이번 연구는 단순히 미래를 예측하는 데에 그치는 것이 아니라, 미래를 준비하는 자들로 하여금 보충적인 성찰의 요소들을 비롯해서, 그들을 에워싸고 있는 세계에 대한 보다 넓은 이해를 지닌 상태에서 행동하고 앞날을 맞이하게끔 하기 위해서 이 관찰을 활용하자는 것이다.

東文選 現代新書 3

사유의 패배

알랭 핑켈크로트

주태환 옮김

　문화 속에서 우리는 거북스러움을 느낀다. 왜냐하면 문화란, 사유(思惟)하면서 살아가는 일이기 때문이다. 그리고 오늘날 사유가 아무런 역할도 하지 못하는 제반행위를 흔히 문화적인 것으로 규정해 버리는 조류가 확인되고 있다. 정신의 위대한 창조에 필수적인 동작들, 이 모두가 이렇게 문화적인 것으로 잘못 여겨지고 있다. 무슨 이유로 소비와 광고, 혹은 역사 속에 뿌리박은 모든 자동성이 가져다 주는 달콤함을 탐닉하기보다는 참된 문화를 선택해야 하는 것일까?

　87,88년 프랑스 최고의 베스트셀러로서 프랑스 지성계에 커다란 파문을 일으킨 본서는, 오늘날 프랑스 대중들에게 가장 영향력 있는 철학자 중의 한 사람인 핑켈크로트의 대표작이다. 그는 현재 많은 저작과 방송매체를 통해 사회문제에 관해 적극적인 발언을 펼치고 있다.

　그는 오늘날의 거대한 야망이 문화를 손아귀에 움켜쥐고 있다고 결론짓고, 문화라는 거창한 이름 아래 소아병적 증상과 더불어 비관용적 분위기가 확대되어 왔으며, 이제는 기술시대가 낳은 레저산업이 인간 정신이 이루어 놓은 문화적 유산을 싸구려 유희거리로 전락시키고 있으며, 그리하여 정신이 주도하던 인간 삶은 마침내 집단의 배타적 가치에 광분하는 인간과 흐느적거리는 무골인간, 이 둘 사이의 무시무시하고도 우스꽝스런 만남에 자기 자리를 내주고 있다고 통박하고 있다.

　그는 본서를 통해 정신적 의미가 구체적 역사 속에서 부상하고 함몰하는 과정을 그려내면서, 우리가 어떻게 해서 여기에까지 도달하게 되었는지를 일관된 논리로 비판하고 있다.

東文選 現代新書 9

텔레비전에 대하여

피에르 부르디외

현택수 옮김

  텔레비전으로 방송된 이 두 개의 콜레주 드 프랑스에서의 강의는 명쾌하고 종합적인 형태로 텔레비전 분석을 소개하고 있다. 첫번째 강의는 텔레비전이라는 작은 화면에 가해지는 보이지 않는 검열의 메커니즘을 보여 주고, 텔레비전의 영상과 담론의 인위적 구조를 만드는 비밀들을 보여 주고 있다. 두번째 강의는 저널리즘계의 영상과 담론을 지배하고 있는 텔레비전이 어떻게 서로 다른 영역인 예술·문학·철학·정치·과학의 기능을 깊게 변화시키는지를 설명하고 있다. 이러한 현상은 시청률의 논리를 도입하여 상업성과 대중 선동적 여론의 요구에 복종한 결과이다.

  이 책은 프랑스에서 출판되자마자 논쟁거리가 되면서, 1년도 채 안 되어 10만 부 이상 팔려 나가 베스트셀러 리스트에 오르고, 세계 각국에서 번역되어 읽혀지고 있는 피에르 부르디외의 최근 대표작 중 하나이다. 인문사회과학 서적으로서 보기 드문 이같은 성공은, 프랑스 및 세계 주요국의 지적 풍토를 말해 주고 있다. 이처럼 이 책이 독자 대중의 폭발적인 반응과 기자 및 지식인들의 지속적인 반향을 불러일으키는 이유는, 세계적으로 잘 알려진 그의 학자적·사회적 명성 때문이기도 하지만 무엇보다도 언론계 기자·지식인·교양 대중들 모두가 관심을 가질 만한 논쟁적인 내용을 담고 있기 때문이다.

現代新書 11 : 옥스퍼드대학 철학입문

우리는 무엇을 아는가

토머스 나겔

오영미 옮김

　보통 사람들에게 철학의 어려운 질문들이 문제시되어야 하는가? 저자는 왜 철학의 문제들이 수세기에 걸쳐 끊임없이 사상가들을 매료시키고, 또 당혹케 해왔는지를 생생하고 이해하기 쉬운 산문체의 글을 통해 밝힘으로써 그 문제들을 새롭게 조명한다.

　철학에 대해 배우는 가장 좋은 방법은 그 문제와 정면으로 부딪히는 것이라고 주장하면서, 그는 우리가 스스로에게 던질수 있는 가장 중요한 몇 가지 질문들을 시작한다. 우리는 진정으로 자유 의지를 가질 수 있는가? 우리는 왜 도덕적이어야 하는가? 우리의 정신과 두뇌 사이에는 어떤 관계가 있는가? 사후에 삶이 존재하는가? 우리는 죽음에 대해 어떻게 느껴야 하는가? 수십억 광년의 거리를 가진 거대한 우주에서 우리가 살아가면서 행하는 어떤 것이 정말로 중요한가? 만약 그게 중요하지 않다면, 중요하지 않다는 그 사실이 또 문제가 되는가? 이러한 것들은 우리가 인간의 상황에 대해 던지는 영원한 질문들이며 나겔은 그것들을, 그리고 그와 유사한 다른 문제들을 사려 깊고 분명하게 그러면서도 유머를 가지고 탐구한다. 그는 자신의 의견을 자유롭게 토로하지만, 언제나 스스로 사고하도록 독자들을 격려함으로써 독자들이 다른 해답을 찾을 수 있는 여지를 남겨두는 참신함과 겸손을 잃지 않는다.

東文選 現代新書 14

사랑의 지혜

알랭 핑켈크로트

권유현 옮김

　수많은 말들 중에서 주는 행위와 받는 행위, 자비와 탐욕, 자선과 소유욕을 동시에 의미하는 낱말이 하나 있다. 사랑이라는 말이다. 그러나 누가 아직도 무사무욕을 믿고 있는가? 누가 무상의 행위를 진짜로 존재한다고 생각하는가? '근대'의 동이 터오면서부터 도덕을 논하는 모든 계파들은 어느것을 막론하고 무상은 탐욕에서, 또 숭고한 행위는 획득하고 싶은 욕망에서 유래한다는 설명을 하고 있다.

　이 책에서 묘사하는 사랑의 이야기는 타자와 나 사이의 불공평에서 출발한다. 즉 사랑이란 타자가 언제나 나보다 우위에 놓이는 것이며, 끊임없이 나에게서 도망가는 타자로부터 나는 도망가지 못하는 것이다. 그리고 사랑의 지혜란 이 알 수 없고 환원되지 않는 타자의 얼굴에 다가가기 위해 애쓰는 것이다. 저자는 이 책에서 남녀간의 사랑의 감정에서 출발하여 타자의 존재론적인 문제로, 이어서 근대사의 비극으로 그의 철학적 성찰을 이끌어 가기 때문이다. 그러나 우리가 이웃에 대한 사랑을 이상적인 영역으로 내쫓는다고 해서, 현실을 더 잘 생각한다는 법은 없다. 오히려 우리는 타인과의 원초적 관계를 이해하기 위해서, 또 그것에서 출발하여 사랑의 감정뿐 아니라 다른 사람에 대한 미움의 감정까지도 이해하기 위해서, 유행에 뒤진 이 개념, 소유의 이야기와는 또 다른 이야기를 필요로 할 수 있다.

　알랭 핑켈크로트는 엠마뉴엘 레비나스의 작품에 영향을 받아서 근대가 겪은 엄청난 집단 체험과 각 개인이 살아가면서 맞는 '타자'와의 관계에 대해서 계속해서 질문을 던진다. 이것은 철학임에 틀림없다. 그렇기는 하지만 구체적인 인물에 의해 이야기로 꾸민 철학이다. 이 책은 인간에 대한 인식의 수단으로 플로베르·제임스, 특히 프루스트를 다루며, 이들의 현존하는 문학작품에 의해 철학을 이야기로 꾸며 나간다.

東文選 現代新書 18

청소년을 위한 철학교실

알베르 자카르

장혜영 옮김

"무엇을 질문하고 어떻게 대답할 것인가?"

철학은 끊임없는 질문과 답변 가운데에 있다. 질문은 진리에 대한 탐색이요, 답변은 존재와 세계에 대한 해석이다. 우리는 철학을 통해 존재의 근원에 이른다. 이 책은 프랑스 알비의 라스콜 고등학교 철학교사인 위게트 플라네스와 철학자 알베르 자카르 사이의 철학 대담으로 철학적 질문과 답변의 과정을 명쾌히 보여 준다.

이 책에는 타인·우애·정의 등 30개의 항목에 대한 철학자의 통찰이 간결하게 살아 있다. 철학교사가 사르트르의 유명한 구절, 즉 "지옥, 그것은 바로 타인이다"에 대해 반박을 요청하자, 저자는 그 인물이 천국에 들어갔다면 그는 틀림없이 "천국, 그것은 바로 타인이다"라고 이야기했을 것이라고 답한다. 결국 타인들은 우리의 지옥이 아니며, 그들이 우리와의 관계를 받아들이려 하지 않을 때 지옥을 만들어 낸다고 말한다.

그렇다면 행복에 대해 이 철학자는 어떻게 답할까? "나에게 행복이란 타인들의 시선 안에서 스스로를 아름답다고 느끼는 것입니다"는 것이 그의 답변이다. 이 책은 막연한 것들에 대해 명징한 질문과 성찰로 우리가 새로운 질문을 던지고, 스스로 그 답을 찾을 수 있는 실마리를 제공한다.

東文選 現代新書 26

부르디외 사회학 입문

파트리스 보네위츠

문경자 옮김

사회학이란 무엇인가? 사회는 무엇이며, 그것은 어떻게 재생산되는가? 혹은 반대로 사회는 어떻게 변화하는가? 개인이 차지하는 위치는 무엇인가?

분열된 학문인 사회학에서 부르디외의 접근방식은 흥미를 끌지 않을 수 없다. 만약 그가 주장하듯이 과학적 분석이 장의 개념에서 출발하여 이루어질 수 있다면, 그 속에 속해 있는 행위자들 사이의 투쟁은 필연적일 것이다. 그렇기 때문에 그들 중의 일부는 보존 혹은 확장의 전략들을 이용하고, 또 다른 일부는 전복의 전략들을 이용하기도 한다.

본서는 고등학교 졸업반 및 대학 초년생들의 사회경제학 프로그램에 포함된 여러 주제들을 검토하는 데에 활용될 수 있다.
● 첫째, 부르디외를 그 자신의 역사적·이론적 추론의 틀 속에 위치시키면서 그를 소개한다.
● 사회화 과정, 사회의 계층화, 문화적 실천 혹은 불평등의 재생산과 같은 다양한 사회적 사실들을 해명할 수 있게 해주는 개념들과 방법론의 특수성을 설명한다.
● 마지막으로 이 이론의 주요한 한계들을 제시한다.
따라서 대개 산만하게 소개된 부르디외의 이론에 대해 일관된 관점을 가지고 싶어하는 학생들은 이 책을 읽음으로써 흥미를 느낄 수 있을 것이다. 또한 중요한 발췌문을 통해 부르디외의 텍스트들과 친숙해지고, 그의 연구를 더욱 심화, 확대시켜 나갈 수 있을 것이다.

東文選 現代新書 40

윤리학

알랭 바디우

이종영 옮김

　이 세계가 나에게 부과하는, 그리고 준수할 것을 요구하는 그러한 윤리가 아니라, 내가 이 세계에 맞서 싸우고자 할 때 지녀야 할 '나 자신의' 윤리란 어떠한 것일까? 그러나 이 세계가 나에게 부과하는 '윤리'가 과연 엄격한 의미에서의 윤리일 수 있을까?

　이데올로기로서의 윤리에 대한 부정만으로는 충분치 않다. 이데올로기로서의 윤리에 맞서 싸우는 해방적 실천, 그 자체가 새로운 윤리학에 의해 지탱되어야만 하는 것이다. 여기서 새롭게 제시하고 있는 윤리는, 해방적 정치·학문·예술·애정에 있어서의 혁명적 투사들을 위한 윤리이다. '인권의 윤리'와 '차이의 윤리'를 비판하고 있는 이 책의 1장과 2장은 프랑스적 맥락에 위치하고 있다. 바디우는 이른바 '인권의 윤리'와 '차이의 윤리'를 제국주의 국가로서 프랑스의 위선과 결부짓고 있는 것이다.

　존중받아야 하는 것은 각자의 개별성이지 문화적 또는 사회적 차이가 아니다. 그리고 각자의 개별성은 오로지 인간적 동일성이라는 보편성에 토대해서만 존중받을 수 있는 것이다. 보편성에 토대한 개별성에 대한 존중은 사회적·문화적으로 매개된 특수성과는 결단코 대립되는 것이다. 특수성은 항상 배제와 차별을 내포하고 있다. 그리고 프랑스에서의 '차이의 윤리'는 그러한 특수성에 일정하게 입각하고 있는 것이다.

東文選 現代新書 42

진보의 미래

도미니크 르쿠르

김영선 옮김

　과거를 조명하지 않고는 진보 사상에 대한 미래를 예견할 수 없다. 진보라는 단어의 현대적 의미가 만들어진 것은 17세기 베이컨과 더불어였다. 이 진보주의 학설은 당시 움직이는 신화가 되었으며, 공산주의자들이 그것을 계승한 20세기까지 그러하였다. 저자는 진보주의 학설이 발생시킨 '정치적' 표류만큼이나 '과학적' 표류를 징계하며, 미래의 윤리학으로 이해된 진보에 대한 요구에 새로운 정의를 주장한다.

　발달과 성장이라는 것은 복지와 사회적 화합에서 비롯된 두 가지 양식인가? 단연코 그렇지 않다. 작가는 비관주의에 빠지지 않으면서도 다소 어두운 시대적 도표를 작성한다. 생활윤리학·농업·환경론 및 새로운 통신 기술이 여기서는 비판적이면서도 개방적인 관점에서 언급된다.

　과학과 기술을 혼동함에 따라 사람들은 무엇에 대해 말하고 있는지 더 이상 알지 못한다. 정치 분야와 도덕의 영역을 혼동함에 따라 무엇을 생각해야 할지 또한 더 이상 알지 못한다. 작가는 철학의 새로운 평가에 대해 옹호하고, 그래서 그는 미덕의 가장 근본인 용기를 주장한다. 그가 이 책에서 증명하기를 바라는 것은 두려움의 윤리에 대항하며, 방법을 아는 조건하에서는 모든 사람이 철학을 할 수 있다는 점인 것이다.

東文選 現代新書 81

영원한 황홀

파스칼 브뤼크네르

김웅권 옮김

"당신은 행복해지기 위해 사는가?"

당신은 왜 사는가? 전통적으로 많이 들어온 유명한 답변 중 하나는 "행복해지기 위해서 산다"이다. 이때 '행복'은 우리에게 목표가 되고, 스트레스가 되며, 역설적으로 불행의 원천이 된다. 브뤼크네르는 그러한 '행복의 강박증'으로부터 당신을 치유하기 위해 이 책을 썼다. 프랑스의 전 언론이 기립박수에 가까운 찬사를 보낸 이 책은 사실상 석 달 가까이 베스트셀러 1위를 지켜내면서 프랑스를 '들었다 놓은' 철학 에세이이다.

"어떻게 지내십니까? 잘 지내시죠?"라고 묻는 인사말에도 상대에게 행복을 강제하는 이데올로기가 숨쉬고 있다. 당신은 행복을 숭배하고 있다. 그것은 서구 사회를 침윤하고 있는 집단적 마취제다. 당신은 인정해야 한다. 불행도 분명 삶의 뿌리다. 그 뿌리는 결코 뽑히지 않는다. 이것을 받아들일 때 당신은 '행복의 의무'로부터 해방될 것이고, 행복하지 않아도 부끄럽지 않게 될 것이다.

대신 저자는 자유롭고 개인적인 안락을 제안한다. '행복은 어림치고 접근해서 조용히 잡아야 하는 것'이다. 현대인들의 '저속한 허식'인 행복의 웅덩이로부터 당신 자신을 건져내라. 그때 '빛나지도 계속되지도 않는 것이 지닌 부드러움과 덧없음'이 당신을 따뜻이 안아 줄 것이다. 그곳에 영원한 만족감이 있다.

중세에서 현대까지 동서의 명현석학과 문호들을 풍부하게 인용하는 저자의 깊은 지식샘, 그리고 혀끝에 맛을 느끼게 해줄 듯 명징하게 떠오르는 탁월한 비유 문장들은 이 책을 오래오래 되읽고 싶은 욕심을 갖게 한다. 독자들께 권해 드린다.　　　　　　　　— 조선일보, 2001. 11. 3.

東文選 現代新書 44,45

쾌락의 횡포

장 클로드 기유보

김웅권 옮김

   섹스는 생과 사의 중심에 놓인 최대의 화두 가운데 하나라고 할 수 있다. 성에 관한 엄청난 소란이 오늘날 민주적인 근대성이 침투한 곳이라면 아주 작은 구석까지 식민지처럼 지배하고 있는 것이다. 이제 성은 일상 생활을 '따라다니는 소음'이 되어 버렸다. 우리 시대는 문자 그대로 '그것' 밖에 이야기하지 않는다.

   문화가 발전하고 교육의 학습 과정이 길어지면 길어질수록 결혼 연령은 늦추어지고 자연 발생적 생식 능력과 성욕은 억제하도록 요구받게 되었지 않은가! 역사의 전진은 발정기로부터 해방된 인간을 금기와 상징 체계로부터의 해방으로, 다시 말해 '성의 해방'으로 이동시키며 오히려 반문화적 현상을 드러내고 있다. 저자는 이것이 서양에서 오늘날 일어나고 있는 현상이라고 말한다. 서양에서 60년대말에 폭발한 학생 혁명과 더불어 본격적으로 시작된 '성의 혁명'은 30년의 세월을 지나 이제 한계점에 도달해 위기를 맞고 있다. 성의 해방을 추구해 온 30년 여정이 결국은 자체 모순에 의해 인간을 섹스의 노예로 전락시키며 새로운 모색을 강요하고 있는 것이다. 인간은 '섹스의 횡포'에 굴복하고 말 것인가?

   과거도 미래도 거부하는 현재 중심주의적 섹스의 향연이 낳은 딜레마, 무자비한 거대 자본주의 시장이 성의 상품화를 통해 가속화시키는 그 딜레마를 어떻게 극복할 것인가? 저자는 역사 속에 나타난 다양한 큰 문화들을 고찰하고, 관련된 모든 학문들을 끌어들이면서 폭넓게 성 문제를 조명하고 있다.

東文選 現代新書 87

산다는 것의 의미 · 1
— 여분의 행복

피에르 쌍소 / 김주경 옮김

"삶을 어떻게 살아야 하는가?"라는 물음에 대한 해답찾기‼

 인생을 살 만큼 살아본 사람만이 이에 대한 대답을 할 수 있을 것이다. 영원한 것은 아무것도 없고, 변화 또한 피할 수 없다. 한 해의 시작을 앞둔 우리들에게 피에르 쌍소는 "인생이라는 다양한 길들에서 만나게 되는 예기치 않은 상황들을 대비할 수 있도록 도덕적 혹은 철학적인 성찰, 삶의 단편들, 끔찍한 가상의 이야기와 콩트, 이 세상에서 벌어지고 있는 참을 수 없는 일들에 대한 분노의 외침, 견디기 힘든 세상을 조금이라도 견딜 만하게 만들기 위한 사랑에의 호소 등등 여러 가지를 이 책 속에 집어넣어 보았다"는 소회를 전하고 있다. 노철학자의 삶에 대한 깊은 성찰이 고목의 나이테처럼 더없이 선명하게 다가온다.

 변화를 사랑하고, 기다릴 줄 알고, 바라보는 법을 배우고, 자기 자신에게 인내를 가질 수 있게 하는 이 책《산다는 것의 의미》는, 앞서의 두 권보다 문학적이며 읽는 재미 또한 뛰어나다. 죽어 있는 것 같은 시간들이 빈번히 인생에 가장 충만한 삶을 부여하듯 자신의 내부의 작은 목소리에 귀기울이게 하고, 그 소리를 신뢰케 만드는 것이 책의 장점이다.
 진정한 삶, 음미할 줄 아는 삶을 살고, 내심이 공허한 사람이 되지 않도록 우리의 약한 삶을 보호할 줄 알며, 그 삶을 사랑하게 만드는 것이 피에르 쌍소의 힘이다.

 이 책을 읽어 나가는 동안 우리는 의미 없이 번쩍거리기만 하는 싸구려 삶을 단호히 거부하고, 자기 자신에게로 돌아와 찬찬히 들여다볼 수 있는 시간을 갖게 될 것이다. 그리고 자신만의 희망적인 삶의 방법을 건져올릴 수 있을 것이다.

東文選 現代新書 94

진정한 모럴은 모럴을 비웃는다

— 책임진다는 것의 의미

알랭 에슈고엔 / 김웅권 옮김

오늘날 우리는 가치들이 혼재하고 중심을 잃은 이른바 '포스트 모던'한 시대에 살고 있다. 다양한 가치들은 하나의 '조정적인' 절대 가치에 의해 정리되고 체계화되지 못하고, 무질서하게 병렬적으로 공존한다. 이런 다원적 현상은 풍요로 인식될 수 있으나, 역설적으로 현대인이 당면한 정신적 방황과 해체의 상황을 드러내 주는 하나의 징표라고도 할 수 있다. 자본주의의 승리와 이러한 가치의 혼란은 인간을 비도덕적으로 만들면서 약육강식적 투쟁의 강도만 심화시킬 우려가 있다. 그리하여 사회는 긴장과 갈등으로 치닫는 메마르고 냉혹한 세계가 될 수 있다.

개인의 자유와 권리가 확대되고, 사회적인 구속이나 억압이 줄어들면 줄어들수록 개인이 져야 할 책임의 무게는 그만큼 가중된다. 이 책임이 그의 자유와 권리를 보장해 주는 것이다. 개인의 신장과 비례하여 증가하는 이 책임이 등한시될 때 사회는 퇴보할 수밖에 없다. 기성의 모든 가치나 권위가 무너져도 더불어 사는 사회가 유지되려면, 개인이 자신의 결정과 행위 그리고 결과에 대해 자신과 타자 앞에, 또는 사회 앞에 책임을 지는 풍토가 정착되어야 한다. 그렇기 때문에 안개가 자욱이 낀 이 불투명한 시대에 책임 원리가 새로운 도덕의 원리로 부상되고 있는 것이다. 또한 어떤 다른 도덕적 질서와도 다르게 책임은 모든 이데올로기적·사상적 차이를 넘어서 지배적인 담론의 위치를 차지할 수 있다. 그것은 사회적·경제적 변화와 구속에 직면하여 문제들을 해결하기 위해 나타난 '자유의 발현'이기 때문이다.

東文選 現代新書 100

철학적 기본 개념

라파엘 페르버

조국현 옮김

우리는 모두 철학을 가지고 있다. 철학의 싹이 우리 속에 있기 때문에 우리는 철학을 할 수 있다. 물론 보편 정신의 철학은 발전되지 못했을 뿐만 아니라 때때로 잘못되어 있다. 이러한 사실을 놓고 볼 때 철학 외적인 입장이 아닌 철학적 입장에서 철학을 교정할 수 있다는 점이 중요하다. 우리는 철학을 밖에서 바라보기 위해 철학 밖으로 나갈 수 없다. 마찬가지로 우리 일상철학의 옳고 그름을 판단할 수 있는 척도를 제시할 특정한 관점을 얻으려고 철학 밖으로 나갈 수도 없다. 보편 정신은 오히려 스스로 이러한 척도를 세워야 하며, 자가 교정을 위한 요소들을 자신으로부터 찾아내야 한다. 여기에 딱 들어맞는 말이 있다. 언어에 대해서 말하기 위한 언어 밖의 관점이 존재하지 않는 것처럼 철학에 대해서 철학하기 위한 철학 밖의 관점이 존재하지 않는다. 철학 밖에 철학적 입장이 존재하지 않는다는 점에서 철학하기의 필연성이 도출된다. 아리스토텔레스는 다음과 같은 딜레마를 통해 철학하기의 필연성을 역설한다. 철학을 할 필요가 없다는 것을 증명하려면 철학을 해야 한다. 따라서 인간은 어떤 경우에도 철학을 해야 한다.

이 책은 철학을 공부하는 학생과 철학에 흥미를 느끼는 일반인을 위한 작은 사고력 훈련 학교이다. 저자는 철학적 기본 개념인 '철학' '언어' '인식' '진리' '존재' 그리고 '선'의 세계로 독자를 안내한다. 저자는 철학의 내용·방법 그리고 철학적 요구의 문제에 대해서 알기 쉬우면서도 수준 높게 접근한다. 이 책은 철학 입문서이며, 동시에 새로운 관점에서 플라톤 철학과 분석 철학을 결합시키려고 시도하는 저자의 체계적인 사고 과정을 보여 준다.

東文選 現代新書 129

번영의 비참
— 종교화한 시장 경제와 그 적들

파스칼 브뤼크네르 / 이창실 옮김

'2002 프랑스 BOOK OF ECONOMY賞' 수상
'2002 유러피언 BOOK OF ECONOMY賞' 특별수훈

번영의 한가운데서 더 큰 비참이 확산되고 있다면 세계화의 혜택은 무엇이란 말인가?

모든 종교와 이데올로기가 붕괴되는 와중에 그래도 버티는 게 있다면 그건 경제다. 경제는 이제 무미건조한 과학이나 이성의 냉철한 활동이기를 그치고, 발전된 세계의 마지막 영성이 되었다. 이 준엄한 종교성은 이렇다 할 고양된 감정은 없어도 제의(祭儀)에 가까운 열정을 과시한다.

이 신화로부터 새로운 반체제 운동들이 사람들의 마음을 사로잡는다. 시장의 불공평을 비난하는 이 운동들은 지상의 모든 혼란의 원인이 시장에 있다고 본다. 그러나 실상은 그렇게 하면서 시장을 계속 역사의 원동력으로 삼게 된다. 신자유주의자들이나 이들을 비방하는 자들 모두가 같은 신앙으로 결속되어 있는 만큼 그들은 한통속이라 할 수 있다.

그렇다면 우리가 벗어나야 하는 것은 자본주의가 아니라 경제만능주의이다. 사회 전체를 지배하려 드는 경제의 원칙, 우리를 근면한 햄스터로 실추시켜 단순히 생산자·소비자 혹은 주주라는 역할에 가두어두는 이 원칙을 너나없이 떠받드는 상황에서 벗어나야 한다. 일체의 시장 경제 행위를 원위치에 되돌려 놓고 시장 경제가 아닌 자리를 되찾아야 한다. 이것은 우리 삶의 의미와도 직결되는 문제이기 때문이다.

파스칼 브뤼크네르: 1948년생으로 오늘날 프랑스에서 가장 영향력 있는 에세이스트이자 소설가이기도 하다. 그는 매 2년마다 소설과 에세이를 번갈아 가며 발표하고 있다. 주요 저서로는 《순진함의 유혹》(1995 메디치상), 《아름다움을 훔친 자들》(1997 르노도상), 《영원한 황홀》 등이 있으며, 1999년에는 프랑스에서 가장 많이 팔린 작가로 뽑히기도 하였다.